滿語童話故事

莊吉發編譯

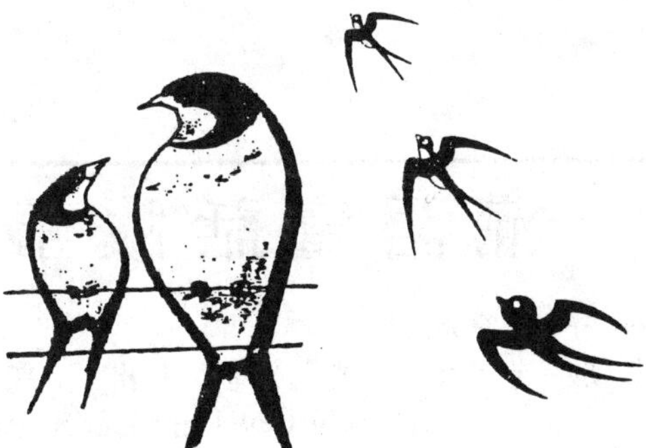

文史哲出版社
印行

國家圖書館出版品預行編目資料

滿語童話故事 / 莊吉發編譯. -- 初版. -- 臺北市：文史哲，民 93
面 ： 公分
ISBN 957-549-556-X (平裝)

1.滿洲語－ 讀本

802.918 93006087

滿語童話故事

編譯者：莊吉發
出版者：文史哲出版社
http://www.lapen.com.tw
登記證字號：行政院新聞局版臺業字五三三七號
發行人：彭正雄
發行所：文史哲出版社
印刷者：文史哲出版社
臺北市羅斯福路一段七十二巷四號
郵政劃撥帳號：一六一八〇一七五
電話886-2-23511028 · 傳真886-2-23965656
實價新臺幣三四〇元
中華民國九十三年(2004)四月初版

ISBN 957-549-556-X

出版說明

我國歷代以來，就是一個多民族的國家，各兄弟民族多有自己的民族語言和文字。滿文是由蒙古文字脫胎而來，成吉思汗征伐乃蠻時，曾俘獲乃蠻太陽汗的掌印官塔塔統阿。成吉思汗見他爲人忠誠，就派他繼續掌管印信。塔塔統阿是維吾爾人，於是令塔塔統阿以老維吾爾文書寫蒙古語音，這是蒙古族正式使用自己新文字的開始。後世出土的碑銘，有所謂《成吉思汗石碑文書》，是宋理宗寶慶元年（1225）成吉思汗次弟合撒兒之子也孫格所豎立的紀功碑。碑文由上而下，從左至右，直行書寫，與老維吾爾文的字體相似，後世遂稱這種老維吾爾體的蒙古文字爲舊蒙文或老蒙文，其字母較容易書寫，流傳較久，而成爲蒙古通行文字，許多精通老維吾爾文的維吾爾人開始大量登用，或任必闍赤即秘書等職，或教諸皇子讀書。蒙古文字的創制，更加促進了蒙古文化的發展。

元世祖忽必烈汗爲繙譯梵文和藏文佛經的方便，於中統元年（1260）命國師八思巴喇嘛創造新字。八思巴喇嘛將梵文和藏文融合的蘭札體字母改造成四方形的音標，自左至右書寫，稱爲蒙古新字，於元世祖至元六年（1269）正式頒佈使用。元順帝至正八年（1348）所立莫高窟六字眞言，分別以漢文、西夏文、梵文、藏文、老蒙文及蒙古新字等六體文字書寫。碑文居中右側爲漢文，作「唵嘛呢八咪吽」（Oṃ maṇi padme hūṃ）。居中左側左起一行就是老維吾爾體由上而下直行書寫的老蒙文，滿文的創造，就是由老維吾爾體的老蒙文脫胎而來。

女眞族是滿族的主體民族，蒙古滅金後，女眞遺族散居於混同江流域，開元城以北，東濱海，西接兀良哈，南鄰朝鮮。由於元朝蒙古對東北女眞的統治以及地緣的便利，在滿族崛起以前，女眞與蒙古的接觸，已極密切，蒙古文化對女眞產生了很大的影響，女眞地區除了使用漢文外，同時也使用蒙古語言文字。明朝後期，滿族的經濟與文化，進入迅速發展的階段，但在滿族居住的地區，仍然沒有滿族自己的文字，其文移往來，主要使用蒙古文字，必須「習蒙古書，譯蒙古語通之。」使用女眞語的民族書寫蒙古文字，未習蒙古語的女眞族則無從了解，這種現象實在不能適應新興滿族共同的需要。明神宗萬曆二十七年（1599）二月，清太祖努爾哈齊爲了文移往來及記注政事的需要，即命巴克什額爾德尼、扎爾固齊噶蓋仿照老蒙文創制滿文，亦即以老蒙文字母爲基礎，拼寫女眞語，聯綴成句，而發明了拼音文字，例如將蒙古字母的「ᠠ」（a）字下接「ᠮᠠ」（ma）字，就成

「ᠠᠮᠠ」（ama），意即父親。這種由老維吾爾體老蒙文脫胎而來的初期滿文，在字旁未加圈點，未能充分表達女眞語言，無從區別人名、地名的讀音。清太宗天聰六年（1632）三月，皇太極命巴克什達海將初期滿文在字旁加置圈點，使音義分明，同時增添一些新字母，使滿文的語音、形體更臻完善，區別了原來容易混淆的語音。清太祖時期的初創滿文，習稱老滿文，又稱無圈點滿文。天聰年間，巴克什達海奉命改進的滿文習稱新滿文，又稱加圈點滿文，滿文的創制，就是承襲北亞文化的具體表現。臺北國立故宮博物院典藏清史館纂修《國語志》稿本，其卷首有奎善撰〈滿文源流〉一文。原文有一段敘述說：「文字所以代結繩，無論何國文字，其糾結屈曲，無不含有結繩遺意。然體制不一，則又以地勢而殊。歐洲多水，故英、法諸國文字橫行，如風浪，如水紋。滿洲故里多山林，故文字矗立高聳，如古樹，如孤峰。蓋造文字，本乎人心，人心之靈，實根於天地自然之理，非偶然也。」滿文是一種拼音文字，由上而下，由左而右，直行書寫，字形矗立高聳，滿文的創造，有其文化、地理背景，的確不是偶然的。從此，滿洲已有能準確表達自己語言的新文字，由於滿文的創造及改進，更加促進了滿洲文化的發展。

錫伯族是我國東北地區的少數民族之一，使用科爾沁蒙古方言。清太宗崇德年間（1636 — 1643），錫伯族同科爾沁蒙古一起歸附於滿洲，編入蒙古八旗。清聖祖康熙三十一年（1692），將科爾沁蒙古所屬錫伯族編入滿洲八旗，從此以後，錫伯族普遍開始學習並使用滿洲語文。乾隆中葉，清軍統一新疆南北兩路，爲了加強西北地區的防務，陸續從瀋陽、開原、遼陽、義州、金州等地抽調錫伯兵到新疆伊犁河南岸一帶屯墾戍邊，編爲八個牛彔，組成錫伯營。嘉慶七年（1802），在察布查爾山口開鑿大渠，引進伊犁河水。嘉慶十三年（1808），大渠竣工，長達一百八十里，命名爲察布查爾大渠，開墾了七萬八千多畝的良田。錫伯族的口語，與滿語雖然有不少差異，但其書面語，與滿語則基本相似。清代通行的新滿文，共有十二字頭，第一字頭含有一百三十一個字母，是第二至第十二字頭的韻母。錫伯文雖然廢除了發音重複的十三個音節字母，爲解決有音無字的問題，又另行創制了三個字母，合計共一百二十一個音節字母，但在基本上仍然襲用滿文。錫伯族具有注重文化教育的優良傳統，他們西遷到伊犁河谷以來，固然將許多漢文古籍譯成滿文，同時還繙譯了不少外國文學作品，譯文細膩生動。光緒八年（1882），在察布查爾錫伯營的八個牛彔，都先後開辦了義學。民國二年（1913），又開始普遍興辦了學校，各小學所採用的錫伯文課本，基本上就是滿文教材。一九五四年三月，成立錫伯自治縣，廢除寧西舊稱，改用錫伯族喜愛的察布查爾渠名作爲自治縣的名稱，定名爲察布查爾錫伯自治縣。西遷到伊犁的錫伯族，由於地方偏僻，受到外界的影響較少，所以能繼續使用本民族的語言文字，同時對滿文的保存作出了重大貢獻。

工欲善其事，必先利其器。近年以來，爲了充實滿文基礎教學，曾搜集多種滿文教材。本書選譯的二十五篇故事，主要是取材於一九九三年六月新疆教育出版社出版六年制錫伯文小學課本，轉寫羅馬拼音，並譯出漢文，題爲《滿語童話故事》，對於初學滿文者，或可提供一定的參考價值，謹向新疆教育出版社表示誠摯的謝意。《滿語童話故事》的滿文部分係據六年制錫伯文小學課本的內容在北京排版，承中國第一歷史檔案館吳元豐先生逐句核對，細心校正。譯漢初稿由郭美蘭女士修正潤飾，衷心感謝。羅馬拼音及漢文譯稿，在出版過程中分由國立政治大學林士鉉、蔡偉傑，國立台灣師範大學曾雨萍、王一樵諸位同學協助校對，在此一併致謝。滿文與漢文是兩種不同的語系，語法結構不同。錫伯文課本含有頗多錫伯族方言及罕見詞彙，譯文未能兼顧信雅達，欠妥之處，尚祈方家不吝教正。

二〇〇四年五月一日

莊吉發 識

滿語童話故事

目次

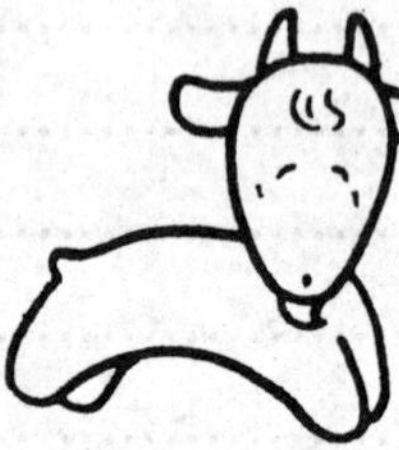

一 ᡳᡥᠠᠨ ᡳᡥᠠᠨ ᠮᡠ ᡤᡝᠯᡝ ᡳᡥᠠᠨ

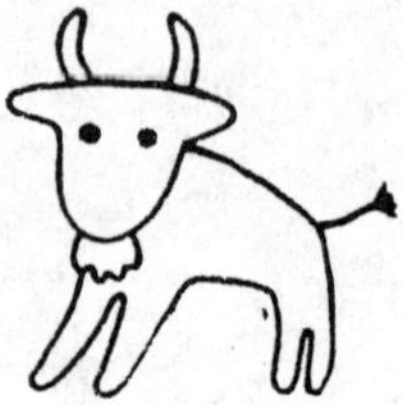

一　yacin niman jai šayan niman

emu šayan niman jai yacin niman tuhan be dulerede, ishunde jugūn anahūnjarakū temšembi. šayan niman gisureme: "oi! yacin niman, si goro tuci, bi neneme dulembi!" serede, yacin niman gisureme: "oi! šayan niman, si dohorome yabu, bi neneme dulembi!" sehe. juwe niman šukilarade gemu bira ci tuheke.

一　黑山羊和白山羊

一隻白山羊和黑山羊經過獨木橋時，彼此相爭，不肯讓路。白山羊說道："喂！黑山羊，你離遠一點，我要先過！"黑山羊說道："喂！白山羊，你滾開，我要先過！"兩隻山羊頂來頂去，都掉到河裡去了。

二

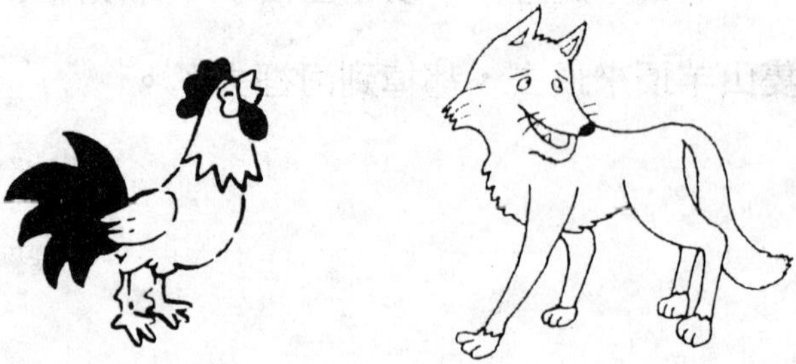

二　sure getuken amila coko

emu inenggi, niohe amila coko be sabufi fonjime: "sain gucu, si aibide genembi?" serede, amila coko jabume: "gucu be tuwame genembi." sehe. niohe geli fonjime: "muse juwenofi embade yabuci antaka?" serede, amila coko gisureme: "absi juwenofi sembi? amala kemuni emu abalara indahūn bi!" sehe. niohe donjifi ukafi yabuha.

二　聰明的公雞

有一天，狼看見公雞後問道：“好朋友，你要去哪裡？”公雞回答說：“要去拜訪朋友。”狼又問道：“我們兩個人同行如何？”公雞說：“怎麼能說兩個？後面還有一隻獵犬呢！”狼一聽就逃走了。

三 ᡳᠯᠠᠴᡳ

[illegible]

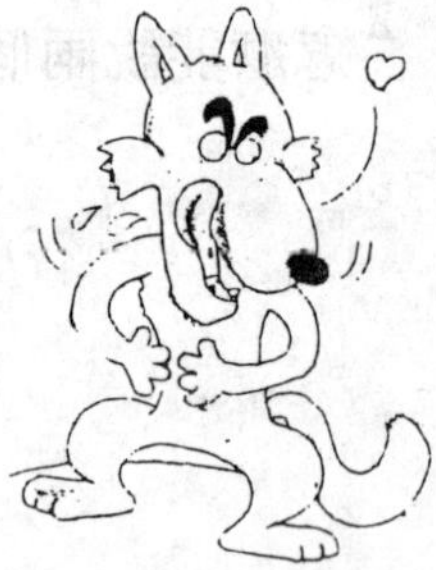

三 holtosi

emu honin tuwakiyara hahajui bihebi, i an ucuri holo gisun gisureme efire amuran ofi, niyalmasa tere i gisun be tenteke akdarakū. emu inenggi, ere hahajui emderei honin be dalime, emderei kaicame: "niohe jihe! niohe jihe!" serede, tokso i urse kaicara jilgan be donjifi, ere mudan jingkin oho seme gūnifi, sele šaka, moo mukšan……jergi agūra be tukiyefi feksime jifi tuwaci, niohe i helmen be hono.

三 撒謊者

從前有一個放羊的男孩，因爲他平時喜歡說謊話開玩笑，所以人們並不怎麼相信他的話。有一天，這個男孩一面趕羊，一面喊叫說：“狼來了！狼來了！”村裡的人聽到喊叫聲，心想這回是眞的了，於是舉起鐵叉、木棍……等器械，跑來一看，連狼的影子

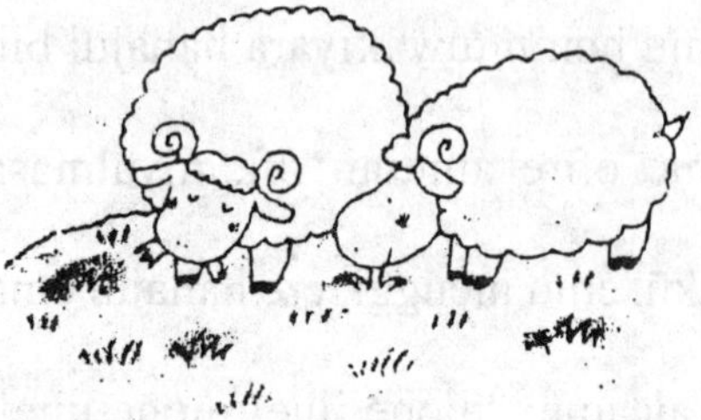

saburakū. geren niyalma geli honin tuwakiyara hahajui i arga de tuheke be safi gemu bedereme yabuha. udu inenggi duleme, hahajui alin meifehe de jing honin tuwakiyame bihei, emu amba niohe honin ci feksime jire be sabufi, den jilgan i "niohe jihe! niohe jihe!" seme kaicaha bici, yaya we jime honin be aitubure be saburakū. niohe honin i dolo feksime dosifi emu tarhūn amba honin be angga de ašufi ukame yooha.

也看不見。衆人知道又是中了放羊男孩的計，都回去了。過了幾天，男孩正在山坡上放羊，看見一隻大野狼朝羊群奔來。雖然高聲喊叫說：“狼來了！狼來了！”，卻不見任何人來救羊。狼跑進羊群裡，叼起一隻肥大的羊逃走了。

[illegible]

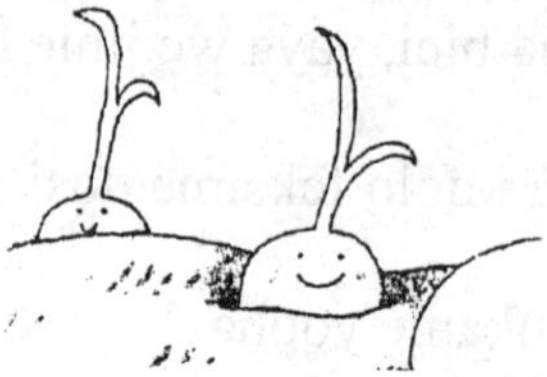

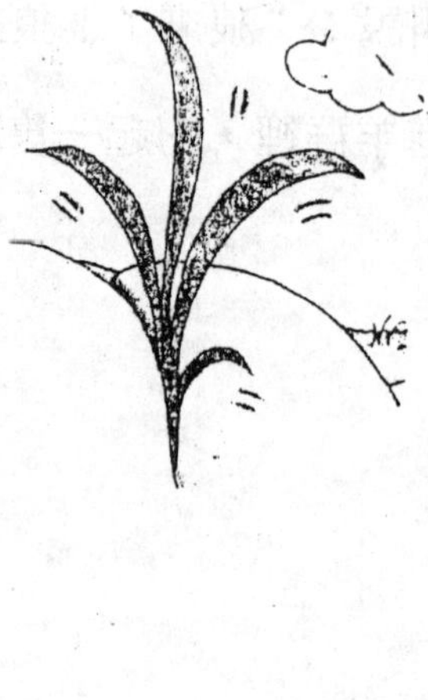

四 [illegible]

[illegible]

四　emu faha use

emu faha use lifahan boihon dolo amgahabi. tere getehe manggi, jaci bulukan serebume ofi, uthai beyebe saniyaha. tere heni kangkame ofi, emu angga muke omiha de, jaci selabume, beyebe geli saniyaha. niyengniyeri edun šeo šeo seme fulgiyenjimbi. use ciyusiyan

四　一粒種子

有一粒種子在泥土裡睡覺，它醒了後，感覺到很溫暖，就舒展起身體。它因爲有些口渴，所以喝了一口水，感覺很舒服，又伸展了一下身體。春風颼颼地吹著，

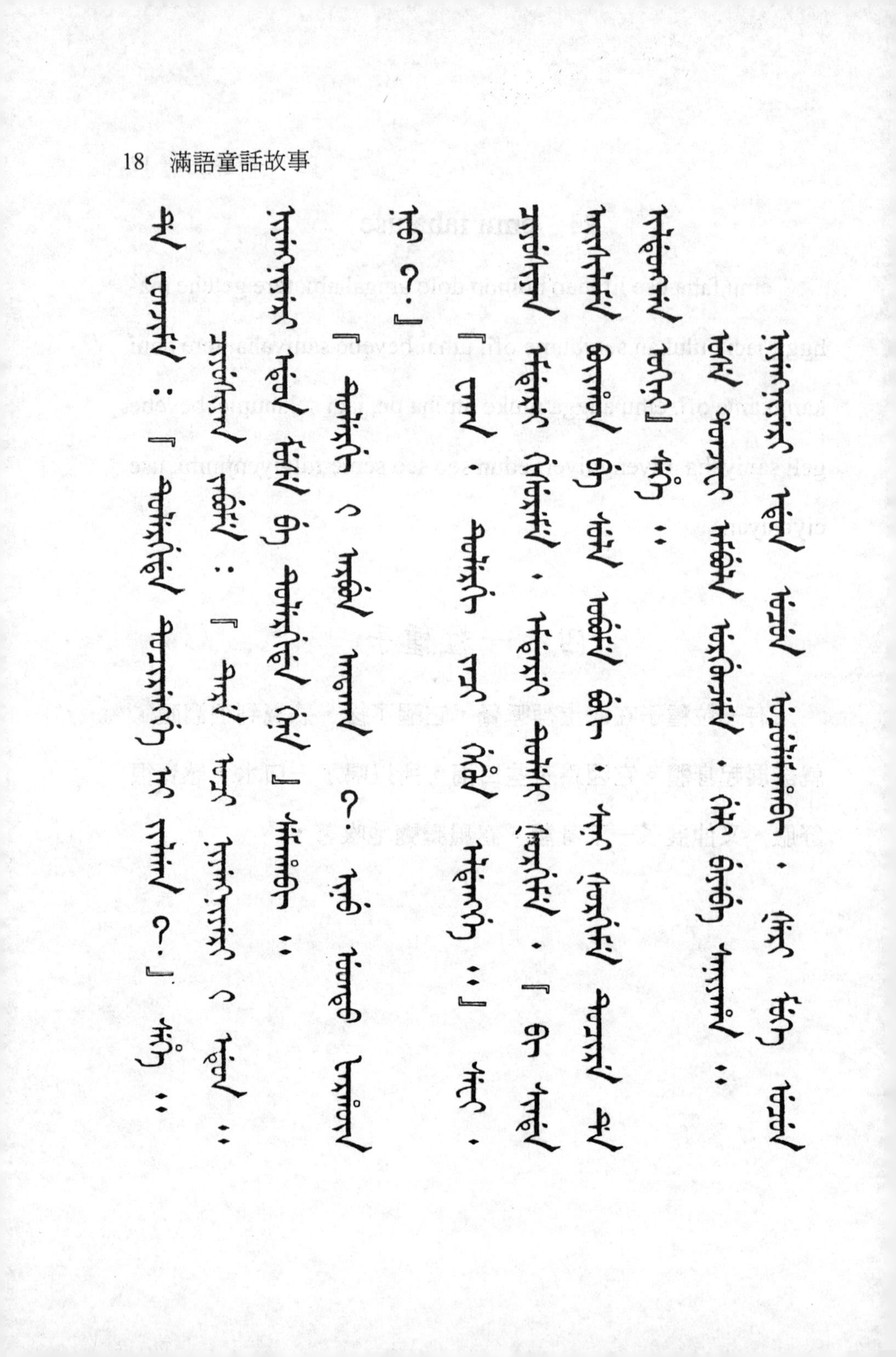

de fonjime: "tulergide tucirengge ai jilgan?" sehe. ciyusiyan jabume: "tere oci niyengniyeri i edun. niyengniyeri edun muse be tulergide gene semahabi." "tulergi i arbun antaka? inu uttu farhūn nio?" "waka, tulergi jaci gehun eldengge." sefi, ciyusiyan emderei gisureme, emderei tulesi šorgime, "bi sinde aisilame boihon be sula obume buki, sini šorgime tucire de ildungga okini" sehe. use donjifi ambula urgunjeme, geli beyebe saniyaha. niyengniyeri edun ucun uculemahabi, šeri muke ucun

---

種子問蛐蟺說：“外頭的動靜是什麼聲音？”蛐蟺回答說：“那是春風，春風正在叫我們到外面去。”“外頭的情形怎麼樣？也是這麼暗嗎？”“不是，外頭很光亮。”蛐蟺一面說，一面往外鑽說：我幫你鬆開泥土，來方便你鑽出去。種子聽了很高興，再次伸展了身子。春風在唱著歌，泉水在唱著歌，

[illegible] : [illegible] , [illegible] [illegible] [illegible] [illegible] ,

[illegible] [illegible] : [illegible] [illegible] ᠈ [illegible] [illegible] [illegible]

[illegible] , [illegible] [illegible] [illegible] : 『 ᠠ · ᠪᡳ [illegible] [illegible]

[illegible] [illegible] ! 』 ᠰᡝᡥᡝ :

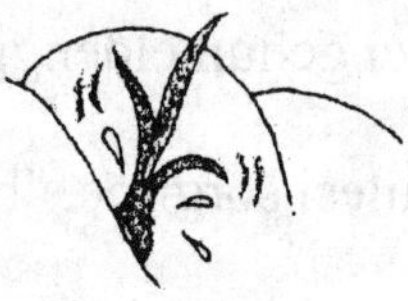

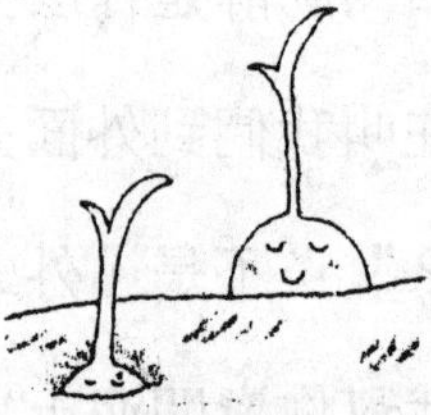

[illegible] [illegible] [illegible] [illegible] · [illegible] [illegible] [illegible] [illegible] [illegible] [illegible]

[illegible] ! [illegible] · [illegible] [illegible] [illegible] [illegible] [illegible] [illegible] [illegible] [illegible] uculemahabi, ajige gasha ucun uculemahabi, ajige jusesa inu ucun uculemahabi. use tulergi i umesi wenjehun simengge be donjifi, ekšeme bengdeme gisureme: "o, bi urunakū nerginde tucime genembi!" sehe. use geli beyebe saniyaha bici, yasai juleri gaitai gehun eldengge oho, o, absi emu sain genggiyen eldengge jalan jecen secina!

小鳥在唱著歌，小孩子們也在唱著歌，種子聽到外頭很熱鬧，匆忙慌張地說：“喔！我一定要立刻出去！”當種子再次伸展了身子時，眼前突然亮了起來，喔！一個多麼光明美好的世界呀！

五

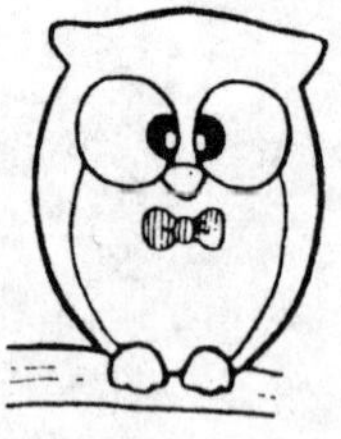

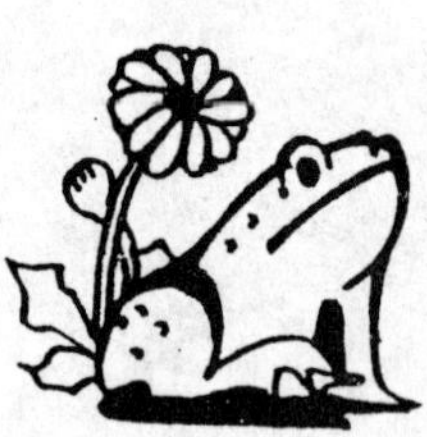

五　usin jeku i sain gucu

wakšan wakšan, si aide ekšemahabi? si tubade ketkeneme, ai aramahabi? bi ekšeme kokiran umiyaha be jafame jemahabi. molto molto, si aide ekšemabi? si dobori deyeme, ai baita icihiyamahabi? bi ekšeme singgeri be jafame jemahabi. wakšan jai molto gemu usin jeku i sain gucu, ainaha seme tese be jafame kokiraci ojorakū, muse uhei jifi wakšan jai molto be karmataki.

五　莊稼的好朋友

青蛙，青蛙，你為什麼事在忙？你在那裡跳，在做什麼？我在忙著抓害蟲吃。貓頭鷹，貓頭鷹，你為什麼事在忙？你在夜晚飛翔，在做什麼？我在忙著抓老鼠吃。青蛙和貓頭鷹都是莊稼的好朋友，千萬不可捕捉傷害牠們，我們一齊來保護青蛙和貓頭鷹吧！

六

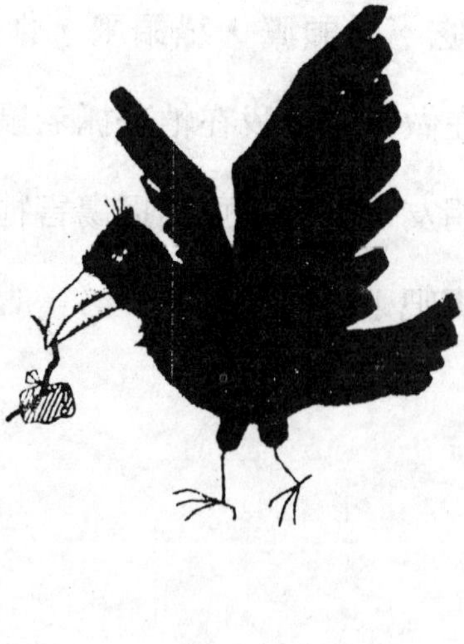

六　gaha muke omiha

emu gaha kangkame hamirakū ofi, isinahala bade omire muke be baimbi. gaha muke baime yabuhai, emu sucei dolo muke bisire be sabuha. tuttu bicibe suce i angga ajige bime dorgi i muke komso ofi, gaha udu omiki seme šuwe omime mutehekū. adarame icihiyaci teni omime mutembini?

六　烏鴉喝水

有一隻烏鴉因爲口渴得受不了，到處找喝的水。烏鴉一路找水，看見一個瓶子裡面裝有水。但因爲瓶口小而且裡面的水也少，烏鴉雖然想喝，卻完全喝不到。怎麼辦才能喝到呢？

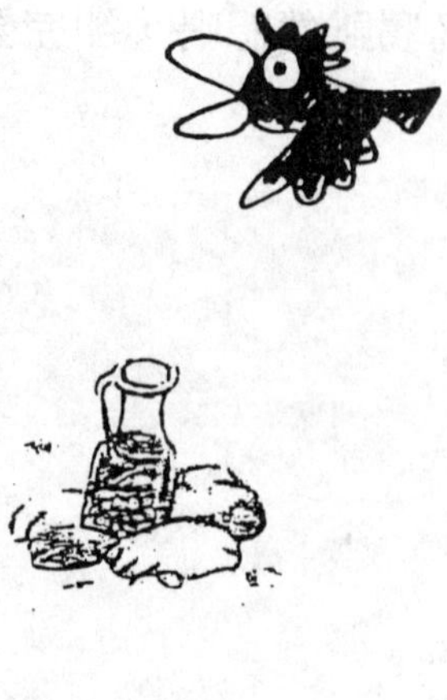

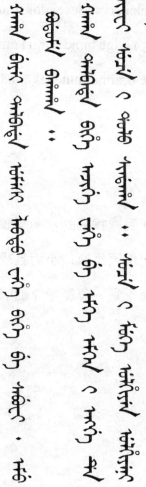

gaha beyei dalbade umesi labdu wehe bihe be sabufi, emu arga be bodome bahaha. gaha dalbade bihe ajige wehe be emke emken i engge de ašume gaifi suce i dolo sindaha. suce i muke ulhiyen ulhiyeni mukdeme jihe manggi, gaha uthai muke be bahame omiha.

烏鴉看見身旁有許多石子，於是想到了一個法子。烏鴉把旁邊的小石子一個一個地含在嘴裡放入瓶子裡面。瓶子的水漸漸地上升以後，烏鴉就喝到了水。

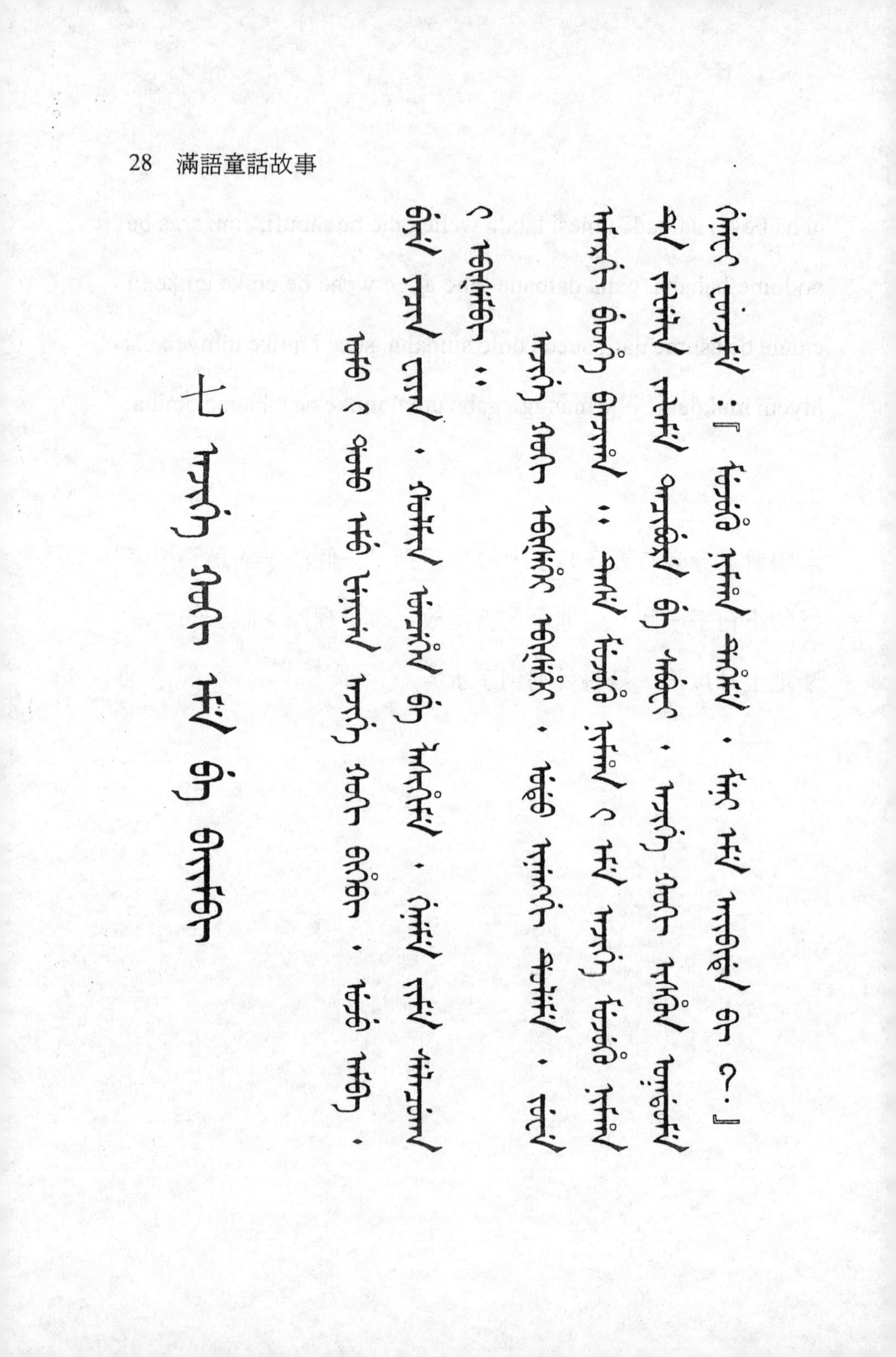

七 ᠰᠠᡵᡤᠠᠨ ᡤᡠᡵᡠᠨ ᡳᠨᡝ ᠪᡝ ᠪᠣᡩᠣᠮᠪᡳ

七 ajige koki eme be baimbi

omo i dolo emu feniyen ajige koki bihebi, uju amba, beye yacin fiyan, golmin uncehen be lasihime, geneme jime selacuka i ebišembi. ajige koki ebišehei ebišehei, udu inenggi duleme, juwe amargi bethe banjiha. tese mujuhu nimha i eme ajige mujuhu nimha de jefelin jafame tacibure be sabufi, ajige koki ishun okdome genefi fonjime: “mujuhu nimha deheme, meni eme aibide bi?”

七 小蝌蚪找媽媽

池子裡面有一群小蝌蚪，頭大，身子黑，甩著長尾巴，來來去去痛痛快快的游著。小蝌蚪游啊游，過了幾天，長了兩隻後腳，牠們看見鯉魚的媽媽教小鯉魚捕捉東西吃，小蝌蚪向前迎上去問道：“鯉魚阿姨，我們的媽媽在哪裡？”

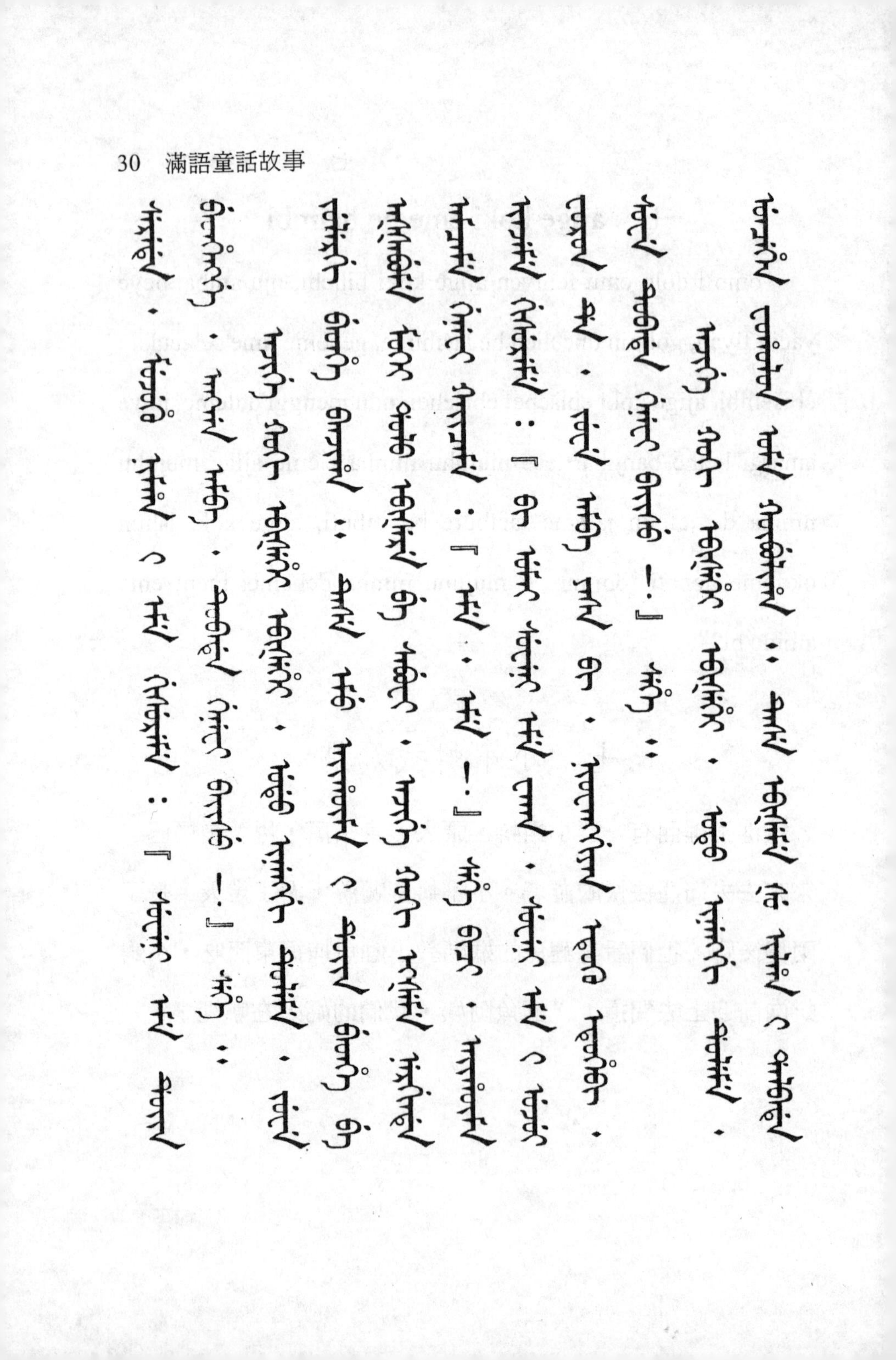

serede, mujuhu nimha i eme gisureme: “suweni eme duin bethengge, angga amba, tubade genefi baisu!” sehe. ajige koki ebišehei ebišehei, udu inenggi duleme, juwe julergi bethe banjiha. tese emu aihŭma i duin bethe be aššabume mukei dolo ebišere be sabufi, ajige koki ekšeme nerginde amcame genefi kaicame: “eme, eme!” sehe bici, aihūma injeme gisureme: “bi umai suweni eme waka, suweni eme i ujui foron de, juwe amba yasa bi, niowanggiyan etuku etuhebi, suwe tubade genefi baisu!” sehe. ajige koki ebišehei ebišehei, udu inenggi duleme, uncehen foholon ome kūbuliha. tese ebišeme šu ilha i dalbade

---

鯉魚的媽媽說道：“你們的媽媽是四條腿，嘴巴大，去那裡找吧！”小蝌蚪游啊游，過了幾天，長了兩條前腿。牠們看見一隻王八動著四條腿在水裡游著，小蝌蚪急忙立刻追上去叫道：“媽媽，媽媽！”地叫著，但王八笑著說：“我並不是你們的媽媽，你們媽媽的頭頂上，有兩個大眼睛，穿著綠色衣服，你們去那裡找吧！”小蝌蚪游啊游，過了幾天，尾巴變短了，

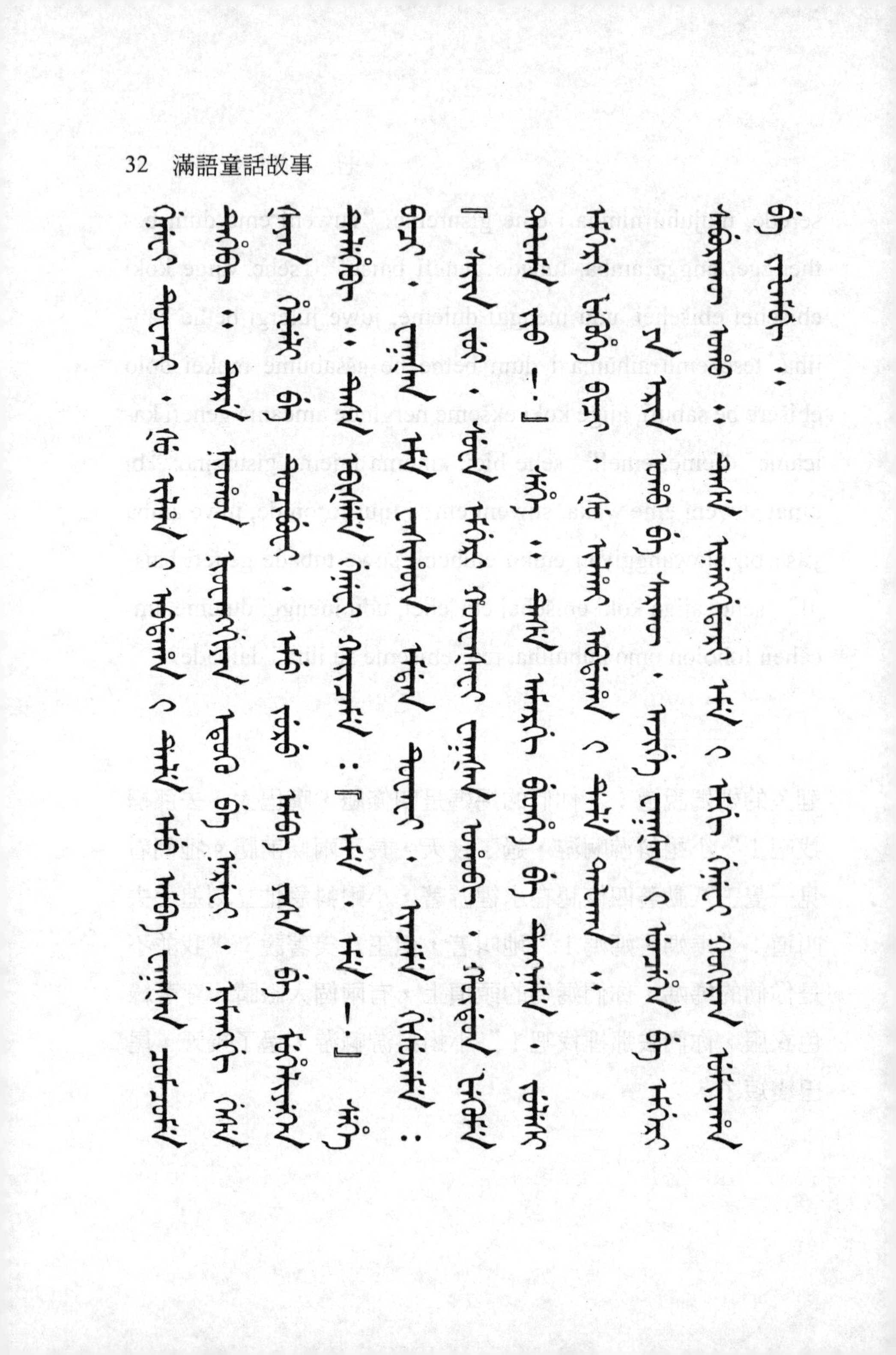

genefi tuwaci, šu ilha i abdaha i dele emu amba wakšan comcome tehebi. tere niohon niowanggiyan etuku be nerefi, nimanggi gese šayan hefeli be tucibufi, emu juru amba yasa be muheliyeken telehebi. tese ebišeme genefi kaicame: “eme, eme!” sehe bici, wakšan eme wasihūn emdan tuwafi, injeme gisureme: “sain jui, suwe emgeri hūwašafi wakšan ohobi, hūdun fekume tafame jio!” sehe. tese amargi bethe be dengneme, julesi emgeri fekuhe bici, šu ilhai abdaha i dele tafaka. ya erin oho be sarkū, ajige wakšan i uncehen be emgeri saburakū oho. tese inenggidari eme i emgi genefi kokiran umiyaha be jafambi.

牠們游到荷花旁邊去一看，見一隻大青蛙靜靜地蹲坐在荷花葉子的上面。牠披著深綠色的衣服，露出像雪一樣白的肚子，睜著圓圓的一雙大眼睛。牠們游過去“媽媽，媽媽！”地叫著，青蛙媽媽向下看了一眼，笑著說：“好孩子，你們已經長大成爲青蛙了，趕快跳上來吧！”牠們踮著後腿向前一跳，不偏不倚地就跳上了荷花葉子的上面。不知到了什麼時候，小青蛙的尾巴已經不見了，牠們每天同媽媽一齊去捕捉害蟲。

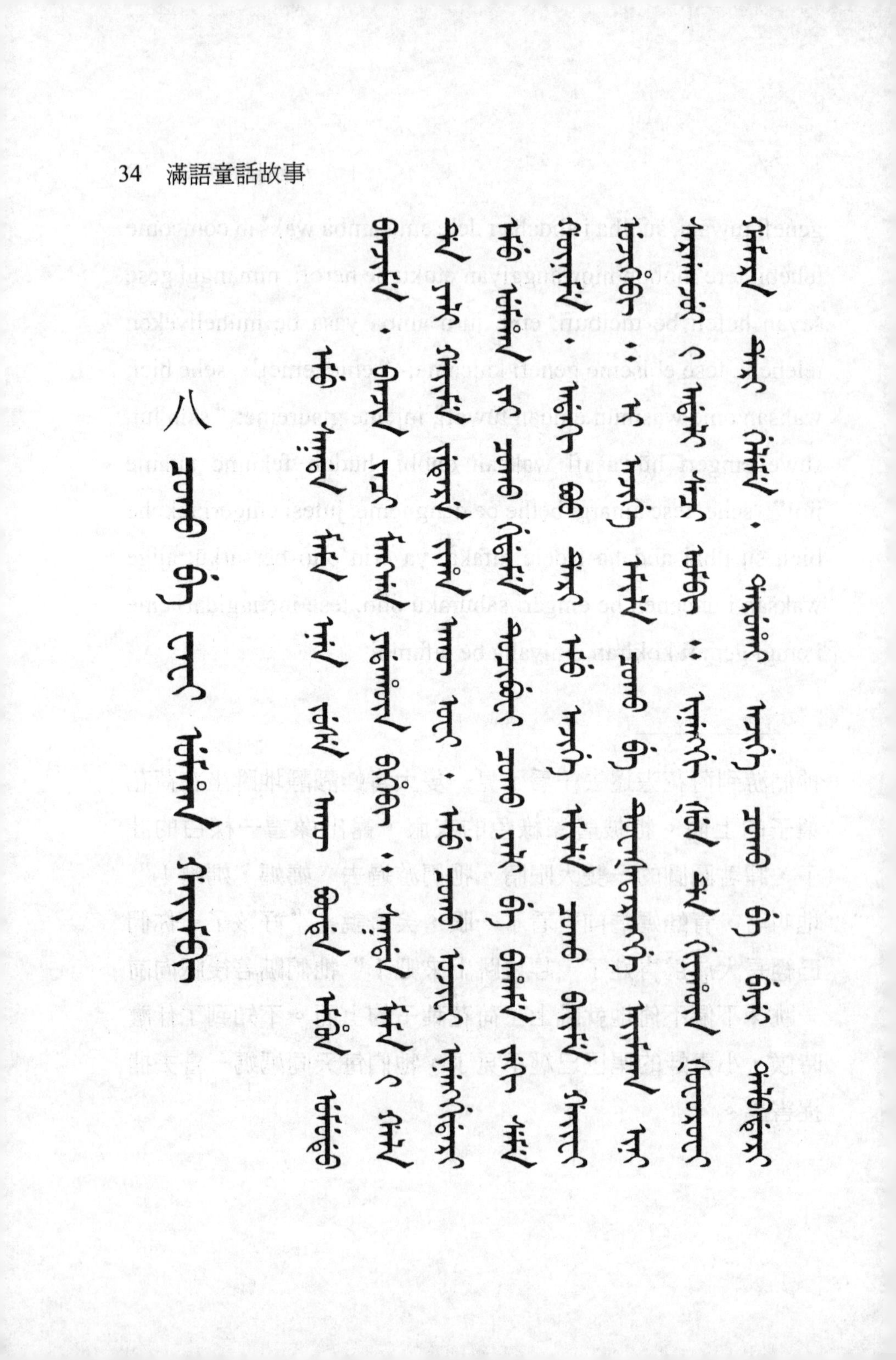

八 [illegible]

[illegible]

[illegible]

[illegible]

[illegible]

[illegible]

[illegible]

[illegible]

[illegible]

八　coko be wafi umhan gaimbi

emu sakda mama enen juse akū boode emhun umudu banjime, banjin jaci mangga yadahūn bihebi. sakda mama i gala de yali gaime jetere jiha akū ofi, emu coko ujifi inenggidari emu umhan jai coko gidame tucibufi coko yali be bahame jeki seme gūnime, adaki boo deri emu ajige emile coko baime gaifi ujihebi. i ajige emile coko be tuwašatarangge aimaka ini sarganjui i adali seci ombi. inenggi šun de giyahūn šoforofi gamara deri geleme, daruhai ajige coko be beyei dalbaderi

八　殺雞取卵

有一個老太太沒有子嗣，在家裡孤獨地過日子，生活很艱難貧困。老太太因爲手裡沒有錢買肉吃，所以想養一隻雞，希望每天生一個蛋，並孵出雞後有雞肉吃，於是向鄰居那兒討到一隻小母雞來養。她照料小母雞可以說就像照顧她的女兒一樣。白天怕被老鷹叼走，時刻不讓小雞離開自己的身旁，

[illegible]

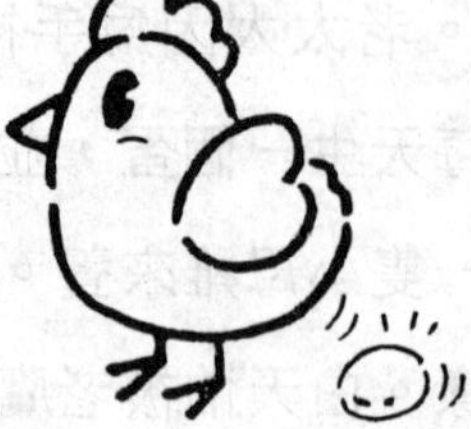

delheburakū; dobori solohi de ulebure ci olhome, coko šoro be beyei dendume amgara besergen ninggude sindafi embade amgame dobori be dulembubi. i ajige coko be mujilen fayabume sain tuwašame ujire de, goidahakū ajige emile coko emgeri amba ome hūwašaha. emu inenggi, ajige emile coko emu sohon suwayan fiyan aisin umhan banjiha. sakda mama ere aisin umhan be sabufi urgunjeme injere de, yasa nicubume emu sirge ofi angga be gemu kamkime

---

夜晚怕被黃鼠狼吃掉，把雞筐放在自己睡覺的床上，一塊兒睡覺過夜。由於她的費心照顧餵養，沒多久小母雞已經長大了。有一天，小母雞生了一個黃橙橙的金蛋。老太太看到這個金蛋高興地笑起來，以至於眼睛瞇成一條線，嘴巴也合不攏來，

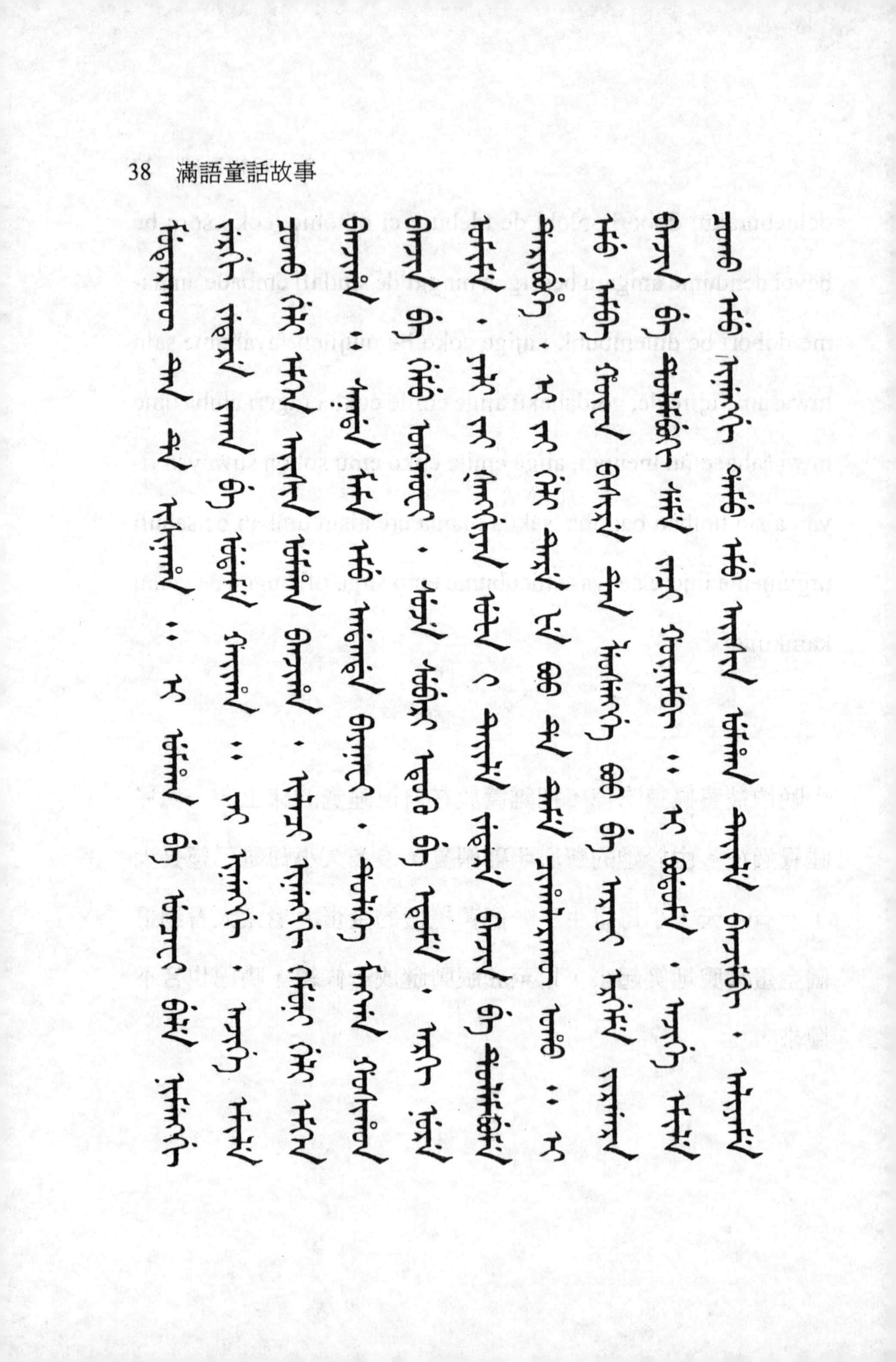

muterakū ten de isinaha. i umhan be uncafi bele nimenggi jergi jetere jaka be udame gaiha. jai inenggi, ajige emile coko geli emken aisin umhan banjiha. ilaci inenggi kemuni geli emken banjiha. sakda mama emu andande bayanafi, duleke mangga gosihon banjin be gemu onggofi, suje suberi etuku be etume, arki nure omime, yali jai šanggiyan ufa i teile jetere banjin be dulembume deribuhe, i jai geli tere fe boo de teme cihalarakū oho. i emu amba hūwa bisire den leosengge boo be arafi ergeme jirgara banjin be dulebuki seme jaci gūnimbi. i bodome, ajige emile coko emu inenggi damu emu aisin umhan teile banjimbi, aliyame

---

她把蛋賣了，用錢買到米、油等食物。第二天，小母雞又生了一個金蛋。第三天也是生了一個。老太太一時間發了財，完全忘記了過去艱苦的日子。穿著綾羅綢緞，喝著燒酒，開始過起只吃肉和白麵的日子，她再也不願住在那個老房子了。她很想蓋起一棟有大院子的高樓，過那安逸舒適的生活。她心想，小母雞一天只生一個金蛋，

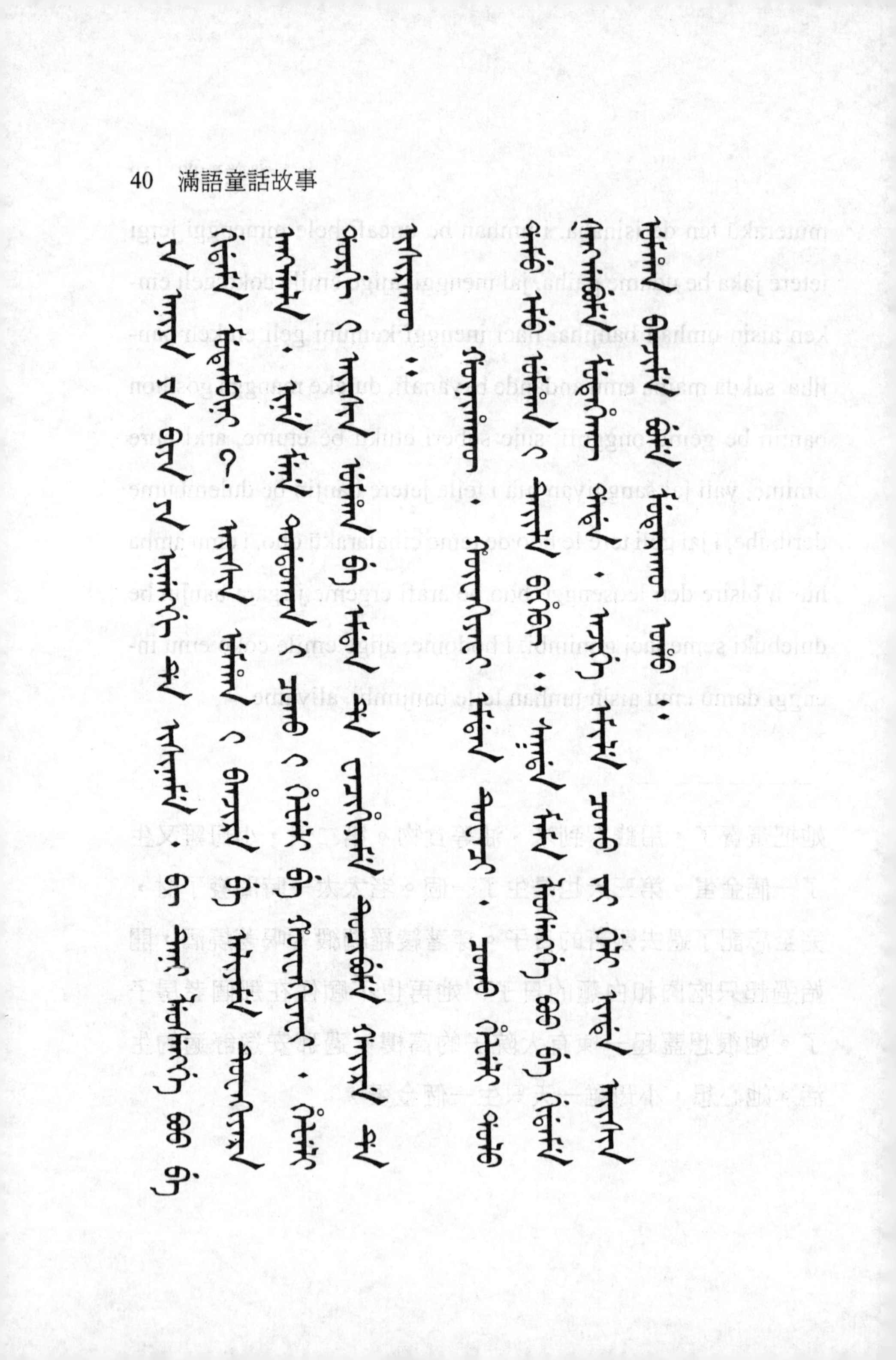

[illegible]

[illegible]

[illegible]

[illegible]

[illegible]

[illegible]

[illegible]

[illegible]

ya aniya ya biya ya inenggi de isiname, bi teni leosengge boo be gidame mutembini? aisin umhan i banjire be aliyame tuwakiyara anggala, ine mene tondokon i coko i hefeli be hūwakiyafi, hefeli dorgi i aisin umhan be emdan de wacihiyame tucibume gaire de isirakū. gūnihakū, hūwakiyafi emdan tuwaci, coko hefeli dolo damu emu umhan i teile bihebi. sakda mama leosengge boo be gidame šanggabume mutehekū dade, ajige emile coko jai geli inde aisin umhan banjime bume muterakū oho.

要等到哪年哪月哪天，我才能蓋起樓房呢？與其等候著生金蛋，不如直接把雞的肚子剖開，把肚子裡的金蛋一次全部取出來。不料剖開一看，原來雞肚子裡只有一個蛋。老太太既未能蓋成樓房，連小母雞也不能再給她生金蛋了。

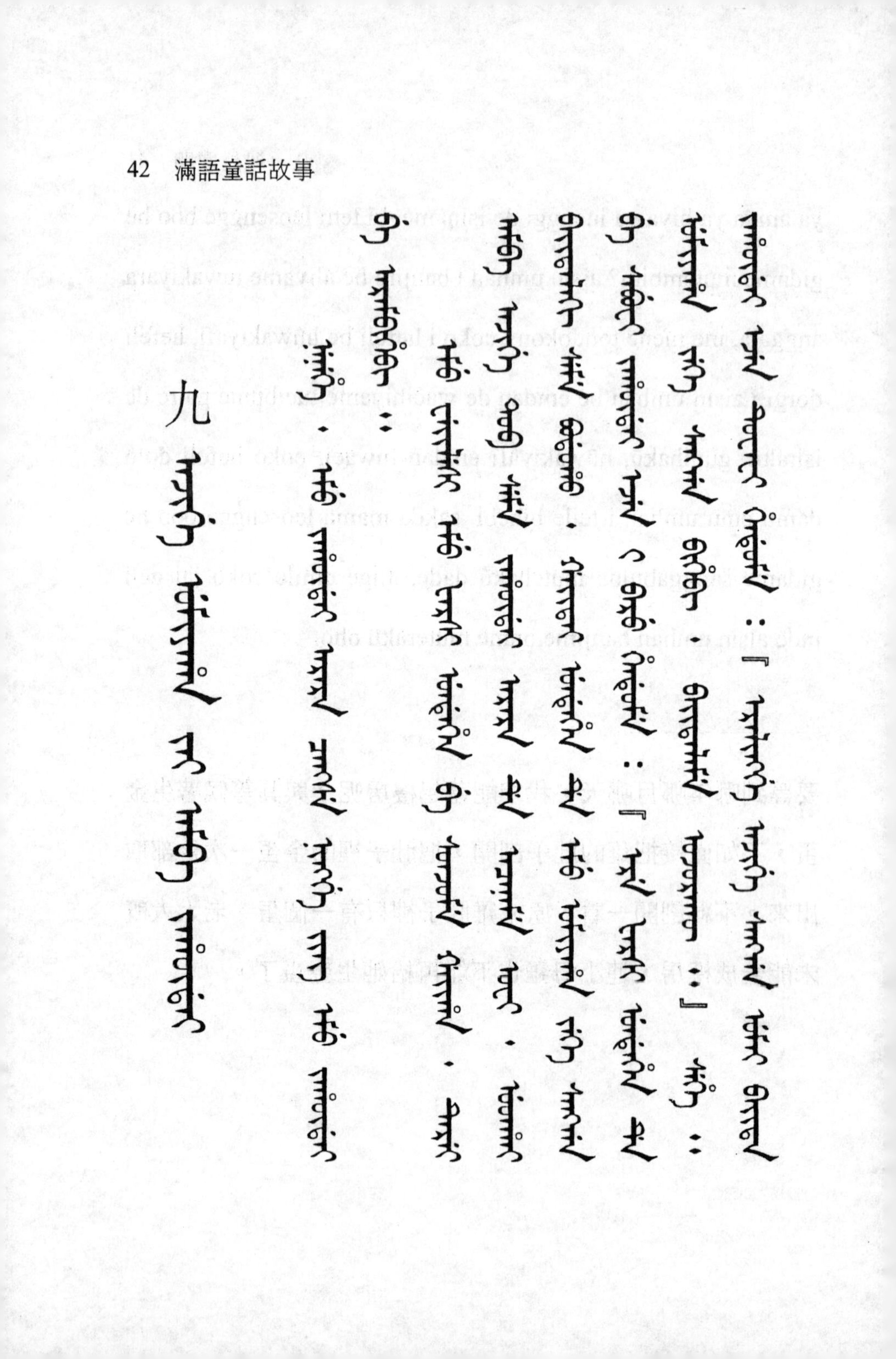

九

九　ajige umiyaha jai amba jahūdai

nenehe, emu jahūdai arara cangse ningge jing emu jahūdai be arambihebi. emu weilesi emu farsi undehen be sonjome gaiha, terei amba ajige tob seme jahūdai arara de acaname ofi, uthai baitalaki seme bodoho, gaitai undehen de emu umiyaha jeke sangga be sabufi jahūdai ejen i baru hendume: "ere farsi undehen de umiyaha jeke sangga bihebi, baitalame ojorakū." sehe. jahūdai ejen tuwafi hendume: "eralingge ajige sangga umai baita

九　小蟲和大船

從前，有一個造船廠正在造一艘船。有一個工匠選了一塊木板，因爲它的大小正好適合造船，所以就想使用，忽然看見木板上有一個蟲蛀的孔，就向船主說：“這一塊木板上有蟲蛀的孔，不能用。”船主看了後說：“這樣的小孔並

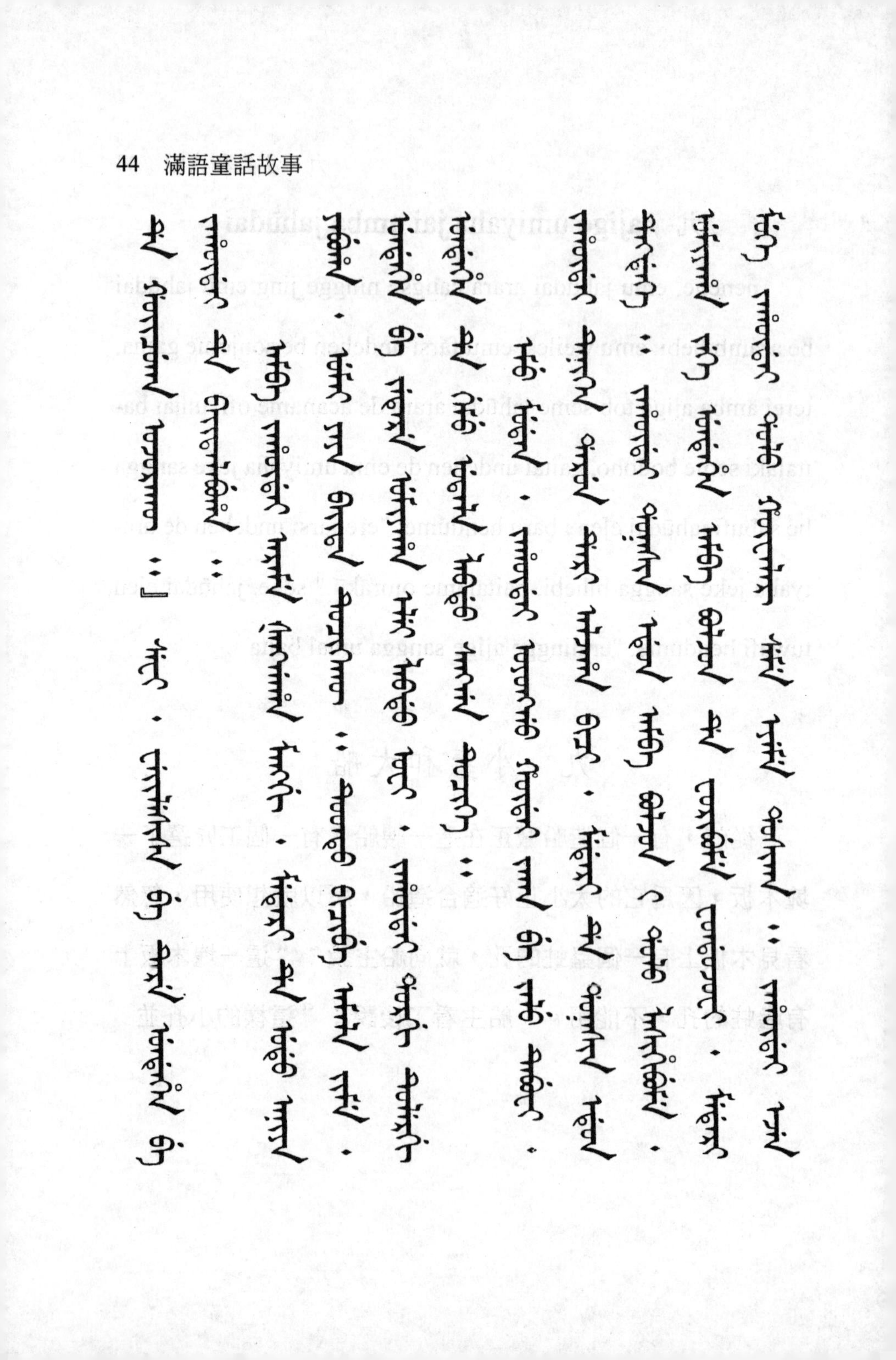

de goicuka ojorakū. sefi, weilesisa be tere undehen be jahūdai de baitalabuha. amba jahūdai arame šanggaha manggi, mederi de udu aniya yabuha, umai yaya baita tucikekū. tuttu bicibe amala jime, undehen be jetere umiyaha elei labdu ofi, jahūdai dorgi tulergi undehen de gemu utala labdu sangga tucike. emu mudan, jahūdai oyonggo hūdai jaka be jalu tebufi, jahūdai teniken darun deri aljaha bici, mederi de doksin edun dekdeke. jahūdai doksin edun amba boljon i dolo lasihibume, umiyaha jeke undehen amba boljon de foribume fondojofi, mederi muke jahūdai dolo hūwalar seme eyeme dosika. jahūdai ejen

---

不致礙事。”就讓工匠們把那塊木板用在船上。大船造成後，在海上航行了幾年，並沒出什麼事。但是到了後來，因爲蛀木板的蟲越來越多，所以船裡船外的木板上都出現了許多的孔。有一回，船上裝滿了貴重的貨物，船才離開碼頭，海上就刮起了暴風。船在暴風巨浪裡搖晃，蟲蛀過的木板被大浪擊破，海水嘩啦嘩啦地流進了船艙。

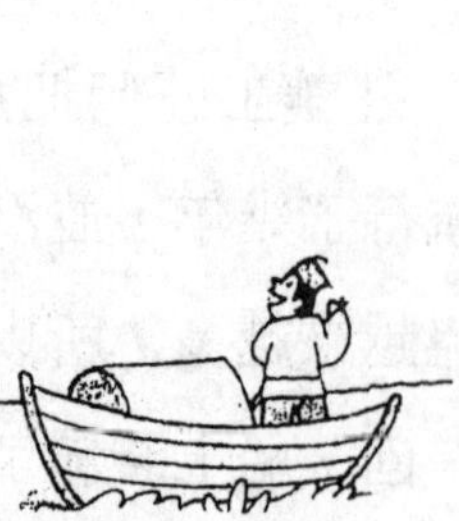

weilesisa be hahilame mukebe waidame tucibukini sehe bicibe, emgeri umainaci ojorakū ohobi. mederi muke elei dosime elei labdu ofi, jahūdai ulhiyen ulhiyeni wasihūn irume, emu amba boljon jifi, jahūdai be forime irubuha. ajige umiyaha naranggi emu amba jahūdai be efuleme akūbuha.

船主雖然令船員們趕緊把水舀出去，但已無可奈何了。因海水越進越多，船漸漸地下沉，一股巨浪打來，把船打沉了。小蟲居然把大船破壞殆盡了。

一

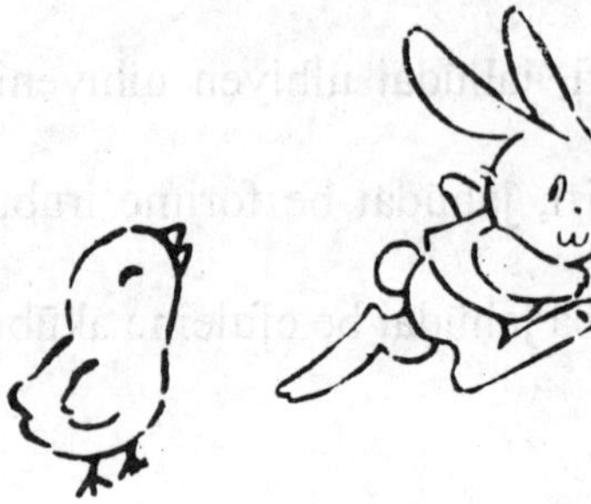

一〇　aga agara erinde

ajige šayan gūlmahūn orhoi tala de ketkeneme fekuceme jing selabume efime bihei, gaitai edun dekdeme, aga dame deribuhe. ajige šayan gūlmahūn ekšeme emu amba abdaha be faitame gaifi, aga be dalime sara arame tukiyehe. ajige šayan gūlmahūn julesi yabuhai, emu ajige coko aga de usihifi "ji ji

一〇　下雨的時候

小白兔正在草原上快樂地跳躍玩耍時，忽然開始刮起風，下起雨了。小白兔急忙摘下一片大葉子當傘，舉起來遮雨。小白兔向前走著，看見一隻小雞被雨淋濕正在“唧唧

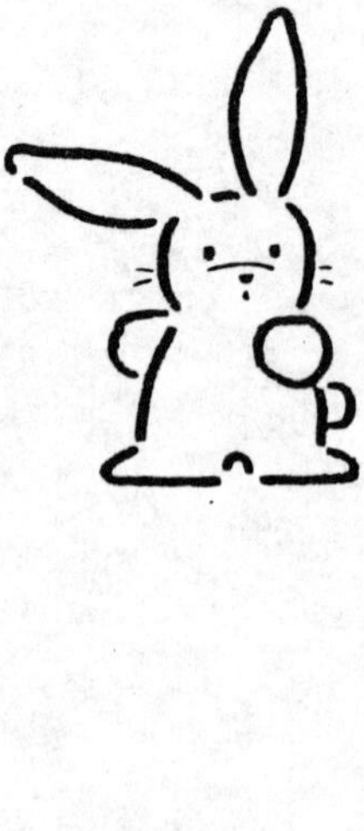

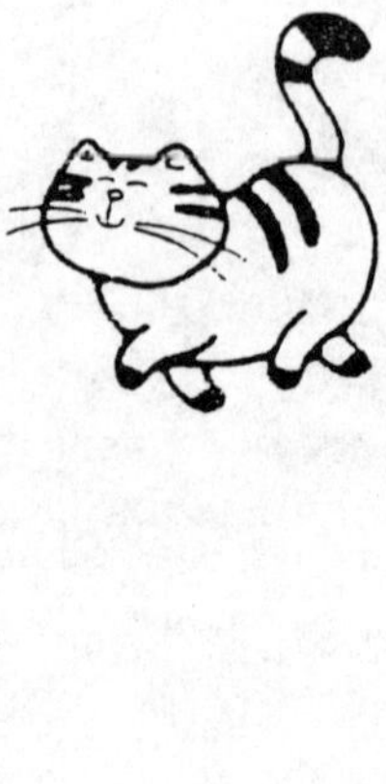

ji" seme iliha be sabufi kaicame: "ajige coko, ajige coko, hūdukan i abdahai fejile jiki!" serede, ajige coko gisureme: "ajige gūlmahūn sinde baniha" sefi yabume abdaha i fejile jihe. ajige šayan gūlmahūn jai ajige coko julesi yabuhai, geli emu ajige kesike aga de usihifi "miyang miyang miyang" seme iliha be sabufi kaicame: "ajige kesike, ajige kesike, hūdukan i abdaha i fejile jiki!"

唧”地叫著，就呼叫說：“小雞，小雞，趕快到葉子下面來吧”小雞說道：“小兔謝謝你”，說完就走到葉子下面來了。小白兔和小雞向前走著，又看見一隻小貓被雨淋濕，在“喵喵喵”地叫著，就呼叫說：“小貓，小貓，趕快到葉子下面來吧！”

[illegible]

[illegible]

[illegible]

[illegible]

[illegible]

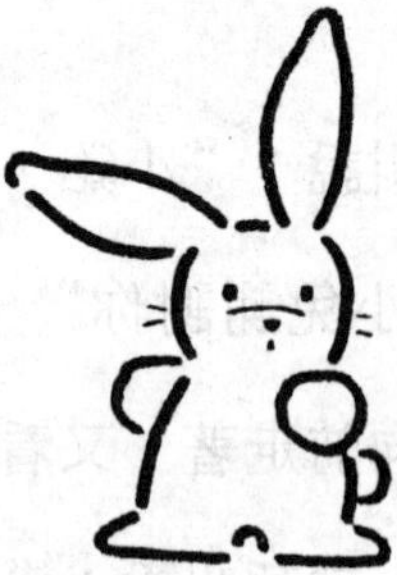

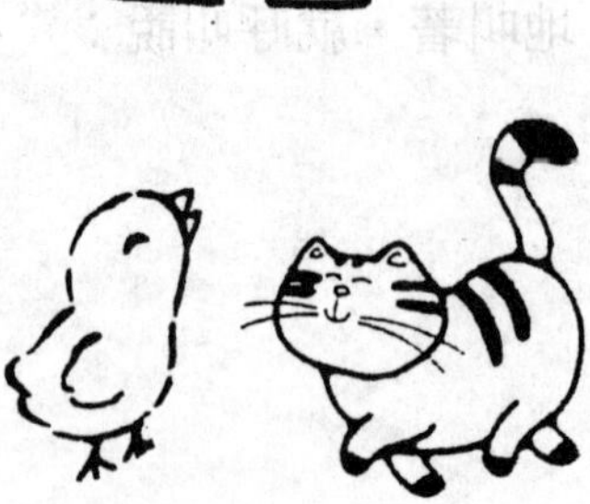

serede, ajige kesike gisureme: "suwende baniha" sefi yabume ab-daha i fejile jihe. baji ome, abka galafi šun tucike ajige šayan gūlmahūn、ajige coko jai ajige kesike sain gucu ofi urgunjeme ketkeneme, selatala efihe.

小貓說："謝謝你們"，說完就走到葉子下面來了。過了一會兒，天放晴出了太陽。小白兔、小雞和小貓成了好朋友高高興興地跳躍著，痛痛快快地玩起來。

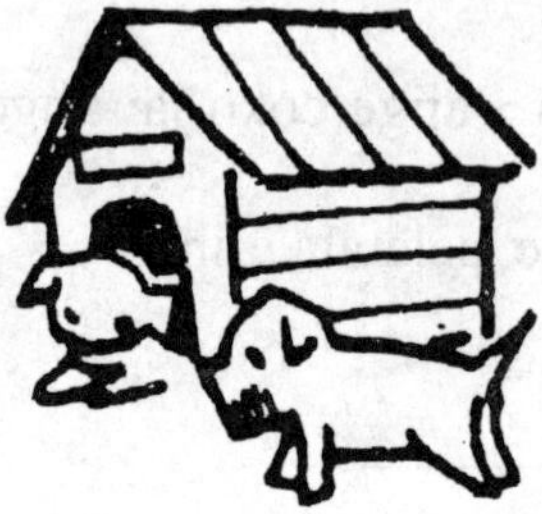

一一　ajige šayan gūlmahūn tašan be takaha

emu alin meifehe de emu meyen ajige aššasu banjimbihebi. emu inenggi, ajige gucusa suwayan indahūn i boode tuwa latuha be sabufi, geren embade acafi tuwa be mukiyebuki seme ajige gūlmahūn i duka de genefi hūlame kaicame: "ajige šayan gūlmahūn, ajige suwayan indahūn i boode tuwa latuhabi, muse hūdun genefi ajige suwayan indahūn de

一一　小白兔認錯

有一群小動物在一座山坡上過著日子。有一天，小朋友們看見黃狗的家裡失火了，大家想聚在一起滅火，到小兔的門口去呼叫說：“小白兔，小黃狗的家裡失火了，我們趕快去幫助小黃狗

[illegible]

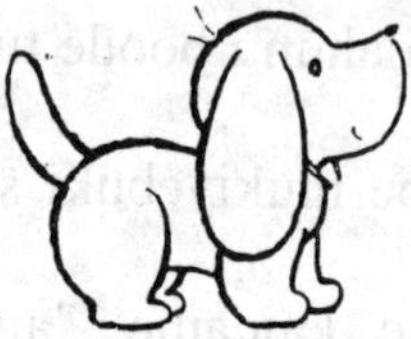

[illegible]

aisilame tuwa be mukiyebuki!" seci, ajige gūlmahūn uju be uce i si deri tucibufi gisureme: "ajige suwayan indahūn boode tuwa latuhangge minde ai dalji, bi generakū!" sefi, uju be dosibufi uce be yaksiha. emu inenggi, ajige šayan gūlmahūn tulesi tucifi mog'o tunggiyeme birai hešen de jifi tuhan be duleme yabure de, ajige šayan gūlmahūn gūnin werišehekū bethe ufarafi bira de tuheke. ajige šayan gūlmahūn ebišeme bahanarakū ofi hešen ci tucire arga

---

滅火！”小兔從門縫伸出頭來說道：“小黃狗家裡失火與我何干，我不去！”把頭縮進去，鎖上了房門。有一天，小白兔外出採蘑菇來到河邊，走過獨木橋時，小白兔不小心，失足掉到了河裡。小白兔由於不會游泳，

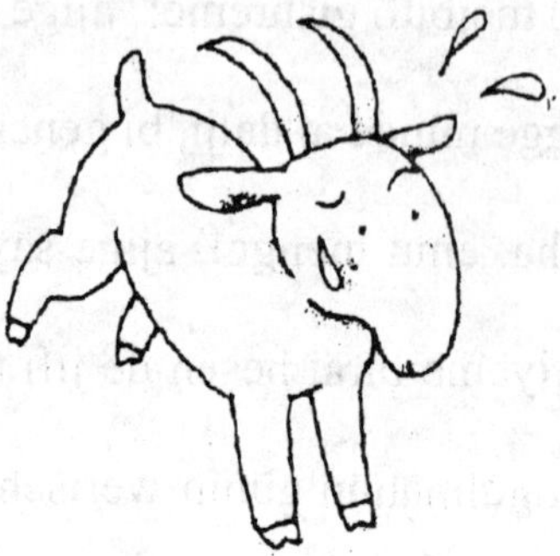

akū muke i dolo amba jilgan i kaicame: "ergen be aitubu!" ergen be aitubu" sehe bici, ajige suwayan indahūn、ajige honin、ajige buhū……donjifi gemu feksime jihe. geren jing bekterefi ajige šayan gūlmahūn be aitubure arga akū iliha erinde, ajige suwayan indahūn neneme bira de ketkeneme dosifi, geren i emgi ajige šayan gūlmahūn be aitubuha. ajige šayan gūlmahūn gisureme: " geren de baniha! ajige suwayan indahūn de

---

因此無法游到岸邊，只能在水裡大聲喊叫說：“救命啊！救命啊！”小黃狗、小羊、小鹿……聽到後都跑了過來。當大家正在發愣沒辦法救出小白兔時，小黃狗首先跳入河裡，和大家一同救出了小白兔。小白兔說道：“謝謝大家，

[illegible]

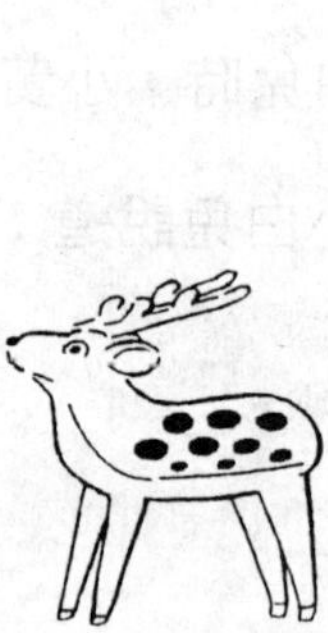

banihalambi!" serede, ajige honin gisureme: "ere oci meni giyani icihiyara baita" sehe. ajige šayan gūlmahūn yertefi uju be gidaha.

謝謝小黃狗！”小羊說道：“這是我們應該作的事。”小白兔羞愧得低下了頭。

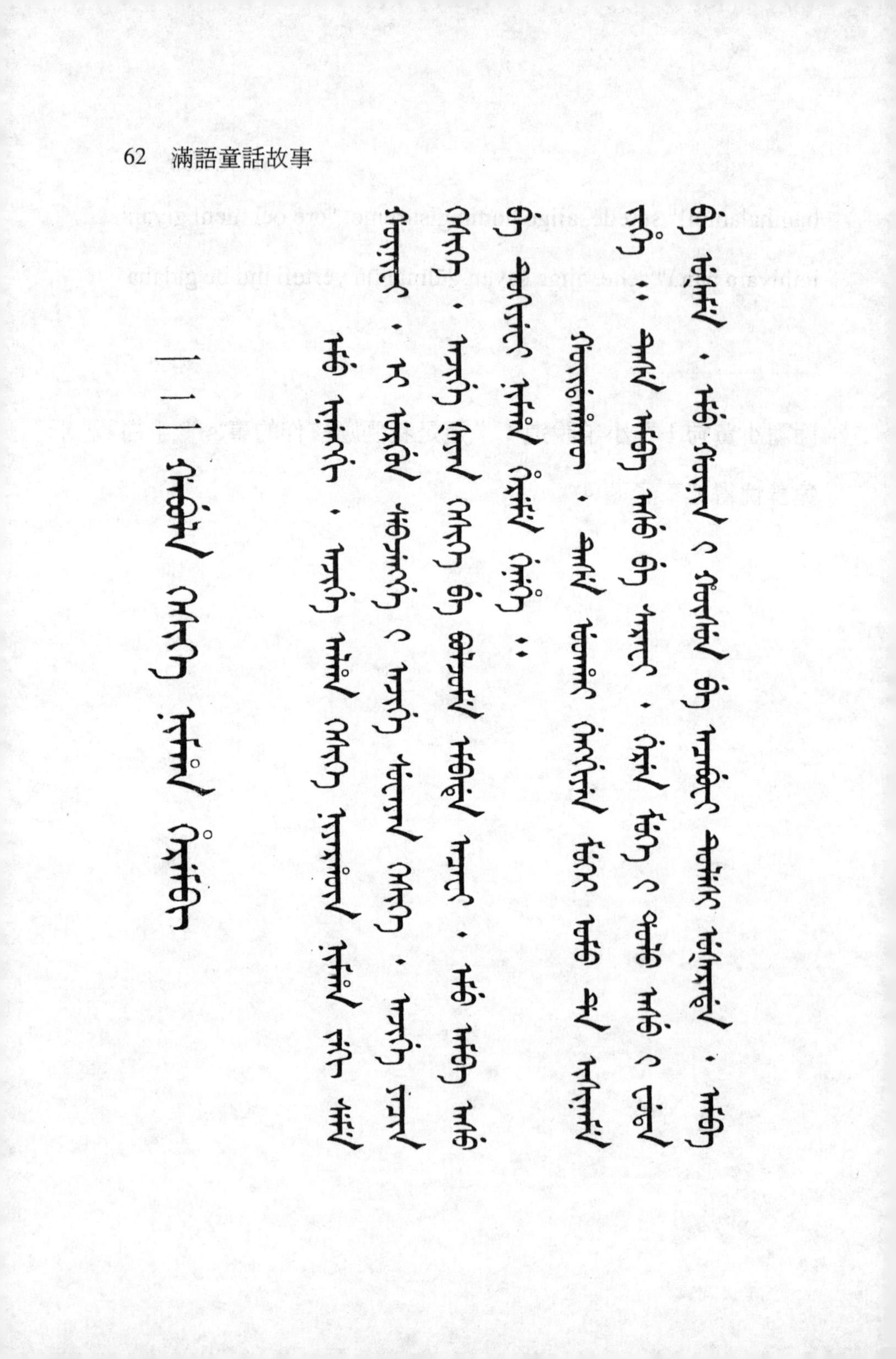

[illegible]

二一 [illegible]

一二　gabula kesike nimha herembi

emu inenggi, ajige alha kesike niyarhūn nimha jeki seme gūnifi, i urgun sebjengge i ajige suwayan kesike、ajige yacin kesike、ajige šayan kesike be boljome embade acafi, emu amba asu be tukiyefi nimha hereme genehe. goidahakū, tese uthai genggiyen mukei omo de isiname jihe. tese amba asu be sarafi, geren muke i dolo asu i futa be ušame, emu gūnin i hūsun be acabufi tulesi ušarade, amba

一二　饞貓撈魚

有一天，小花貓想吃鮮魚，他很高興的約小黃貓、小黑貓、小白貓聚在一起，舉起一張大網去撈魚。沒多久，牠們就來到了清水池，牠們張開大網，大家拽住水裡的網繩，齊心合力向外拉時，

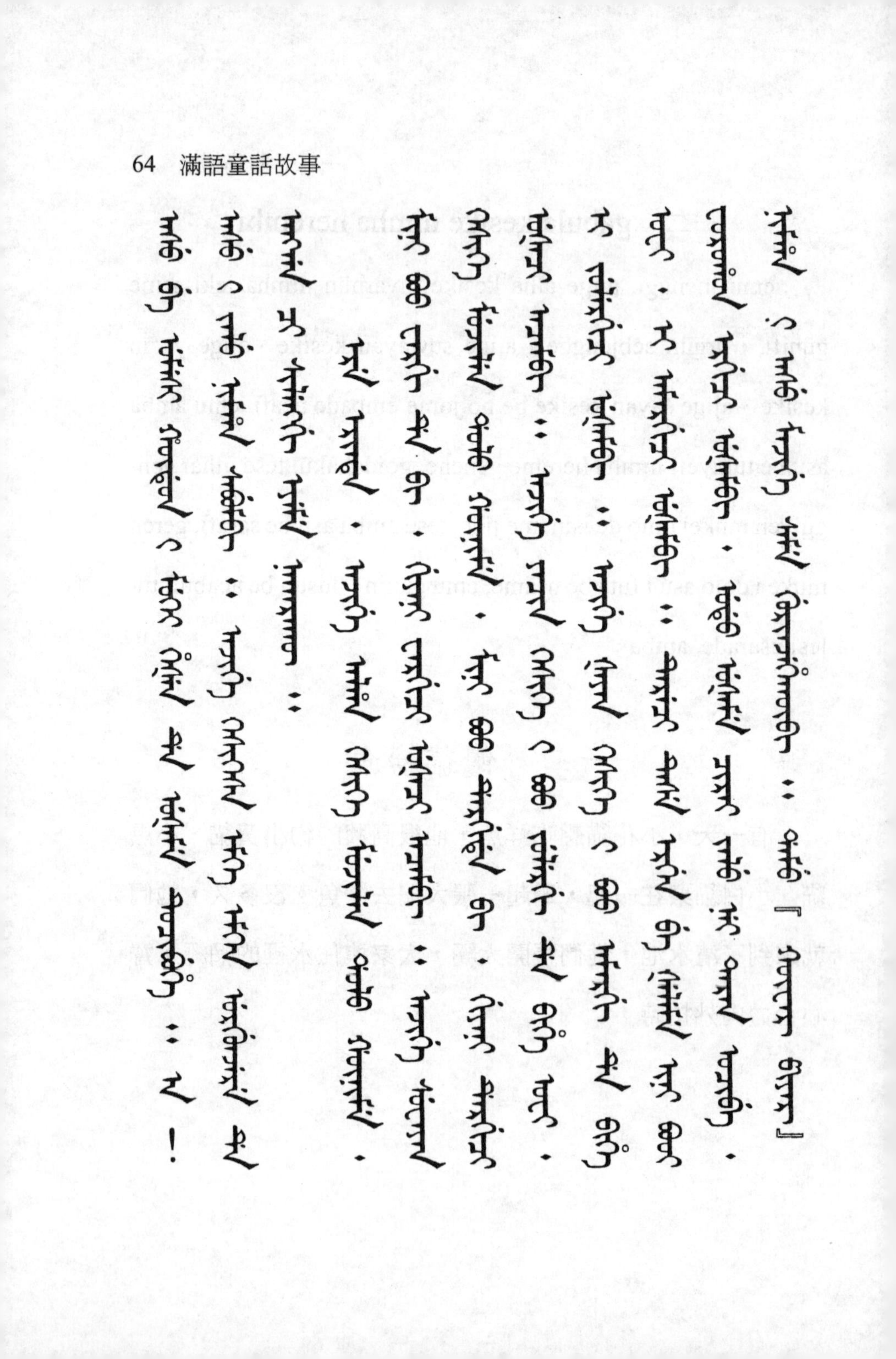

[illegible]

asu be umesi hūdun i mukei hešen de ušame tucibuhe. a! asu i jalu nimha sabumbi. ajige kesikesa emke emken urgunjere de angga ci silenggi eyeme nakarakū. ere erinde, ajige alha kesike mujilen dolo gūnime, mini boo wargi de bi, giyani wargici ušaci acambi; ajige suwayan kesike mujilen dolo gūnime, mini boo dergide bi, giyani dergici ušaci acambi; ajige yacin kesike i boo julergi de bihe ofi, i julergici ušambi; ajige šayan kesike i boo amargi de bihe ofi, i amargici ušambi. tereci tese ergen be šeleme ini booi forohon ergici ušambi, udu ušame cirai jalu nei taran ocibe, nimha i asu majige seme gurinjehekūbi. damu "kūwar piyar"

很快把大網拉到水邊。啊！看見滿網的魚，小貓們個個高興得直流口水。這時候，小花貓心裡頭想，我的家在東邊，理應向東拉；小黃貓心裡頭想，我家在西邊，理應向西拉；因爲小黑貓的家在南邊，所以牠要往南拉；而小白貓的家在北邊，所以牠要往北邊拉。於是牠們拼命往自家的方向拉，雖然拉得滿臉汗珠，但魚網絲毫也沒動。只聽到“霹靂叭啦”一聲

[illegible]

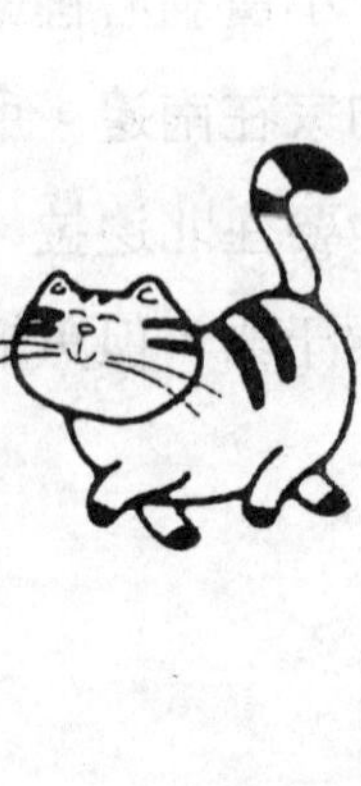

sere emu jilgan be donjime, amba asu tatabume hūwajafi, asu i dulimbade amba sangga tucifi, asu i dolo dosika nimha nashūn be sabufi, gemu hūwajaha sangga deri nilhūdame mukei omo ci bedereme dosika. yasa gedehun tuwahai angga de dosika niyarhūn nimha wacihiyame gemu ukafi yabuha, ajige kesikesa si mimbe wakašame, bi simbe wakašame, emu burgin jamarafi, šuwe amala, emke emken gemu uju be gidaha.

大網被拉破了，網的中央出現了大洞，進入網裡的魚看準機會，都從破洞滑進了水池。眼睜睜看著到口的鮮魚全都逃走了，小貓們你責怪我，我責怪你，一陣爭吵，直到最後，個個都低下了頭。

[illegible]

一三 [illegible]

[illegible]

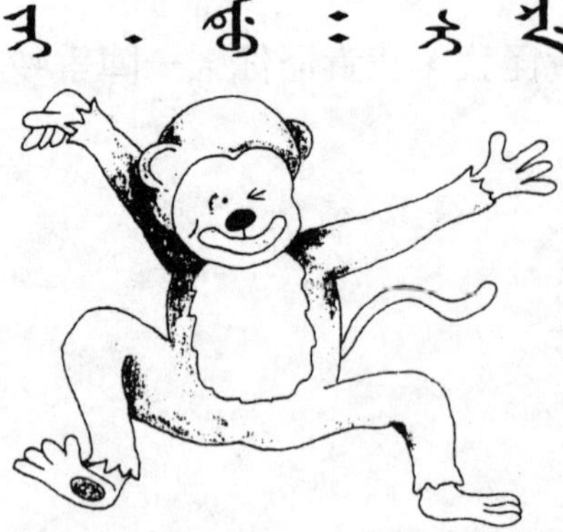

一三　jušuhun jai jancuhūn

emu inenggi, julergi alin jai amargi alin i monio jugūn de ucaraha, juwe monio gemu beye beyei sabuhangge labdu sarangge fulu serebe iletuleki seme gūnimbi. julergi alin i monio gisureme: "si takambio? puto jancuhūn amtangga, jetere de umesi sain." sehe.

一三　酸和甜

有一天，南山和北山的猴子在路上相遇，兩隻猴子都想誇耀自己見多識廣。南山的猴子說道："你知道嗎？葡萄的味道是甜美的，很好吃。"

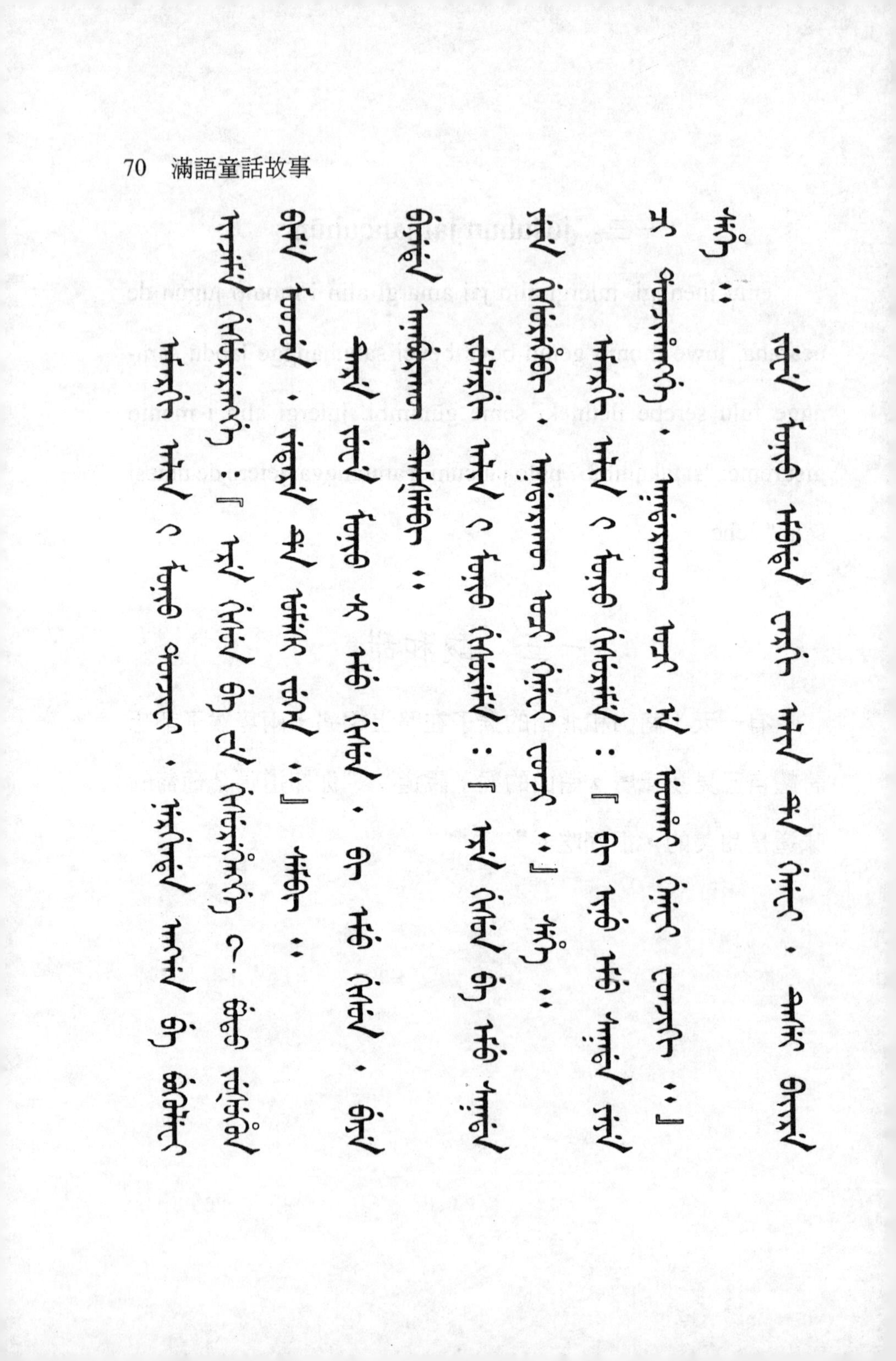

amargi alin i monio donjifi, nerginde angga be bukulefi injeme gisurengge: "ere gisun be we gisurehengge? puto jušuhun bime moojun, jetere de umesi juken." sembi. tere juwe monio si emu gisun, bi emu gisun, beye beyede anaburakū temšembi. julergi alin i monio gisureme: "ere gisun be emu sakda yeye gisurehebi, akdarakū oci genefi fonji." sehe. amargi alin i monio gisureme: " bi inu emu sakda yeye ci donjihangge, akdarakū oci ne uthai genefi fonjiki." sehe. juwe monio embade wargi alin de genefi, tesei baire

---

南山的猴子聽到後，立刻掩嘴笑著說道：“這話是誰說的？葡萄又酸又澀，很不好吃。”那兩隻猴子你一言，我一語，相互爭執不下。南山的猴子說道：“這話是一位老爺爺說的，不相信的話，去問牠吧！”北山的猴子說道：“我也是聽一位老爺爺說的，不相信的話，現在就去問牠吧！”兩隻猴子一齊去東山找到了牠們要

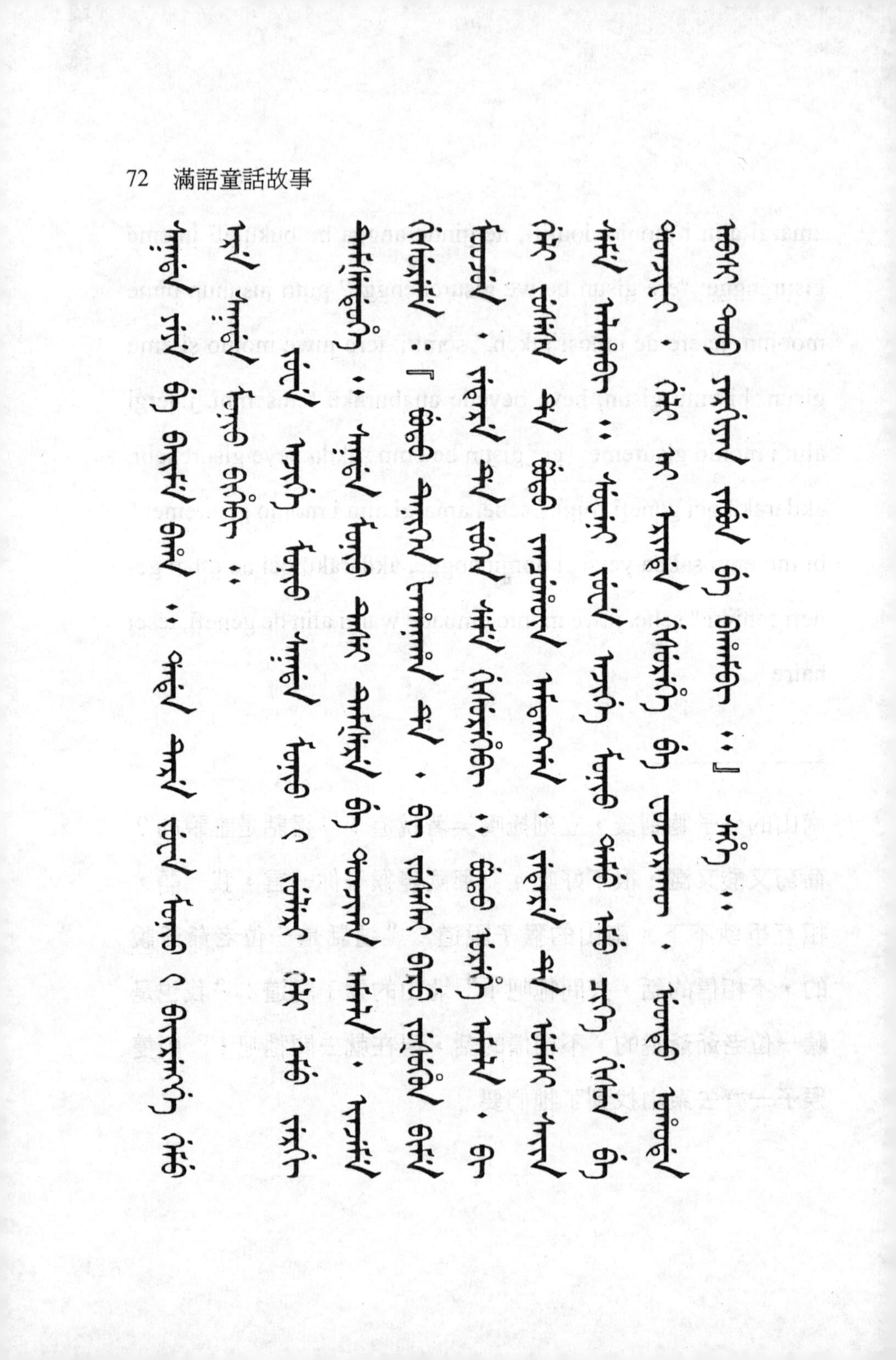

sakda yeye be baime baha. dade tere juwe monio i bairengge gemu ere sakda monio bihebi. juwe ajige monio sakda monio i juleri geli emu jergi temšenduhe. sakda monio tesei temšere be donjiha amala, injeme gisureme: "puto teniken fahanaha de, bi jusesai baru jušuhun bime moojun, jetere de juken seme gisurehebi. puto urehe amala, bi geli jusesa de puto jancuhūn amtangga, jetere de umesi sain seme alahabi. suweni juwe ajige monio damu emu cike gisun be donjifi, geli ai erinde gisurehe be fonjirakū, uttu ohode absi tob yargiyan jabun be bahambi." sehe.

找的老爺爺。原來那兩隻猴子要找的都是這隻老猴子。兩隻小猴子在老猴子的前面又一番爭執，老猴子聽了牠們的爭執後笑著說道：“葡萄才結籽時，我對孩子們說又酸又澀，很不好吃。葡萄成熟後，我又告訴孩子們葡萄甜美，很好吃。你們兩隻小猴子只聽到一段話，又不問是在什麼時候說的，怎麼能得出正確的答案呢？”

一四 [illegible]

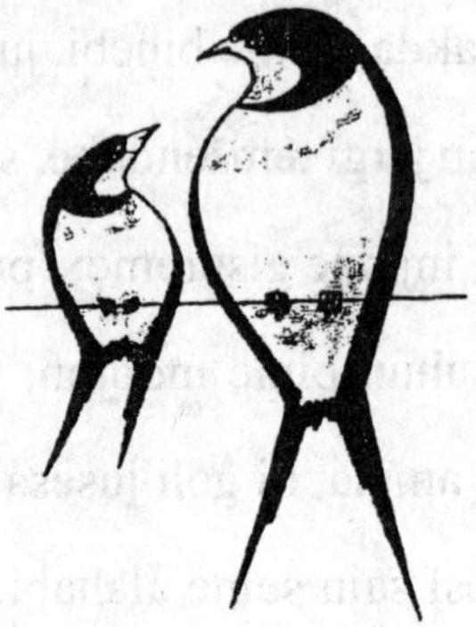

[illegible]

一四　cibin eme

sogi yafan de cirku langgu nade deduhebi, hasi gargan de lakiyabuhabi. cibin eme nanggin fejile dofi, ajige cibin de fonjime: "si sogi yafan de deyeme genefi cirku langgu jai hasi absi banjiha be ilgame mutembio?" sehe ajige cibin deyefi genehe,

一四　燕媽媽

菜園裡冬瓜躺在地上，茄子掛在枝頭上。燕媽媽在屋檐下落腳，問小燕子說："你飛到菜園去後能分辨冬瓜和茄子是怎麼長的嗎？"小燕子飛出去了，

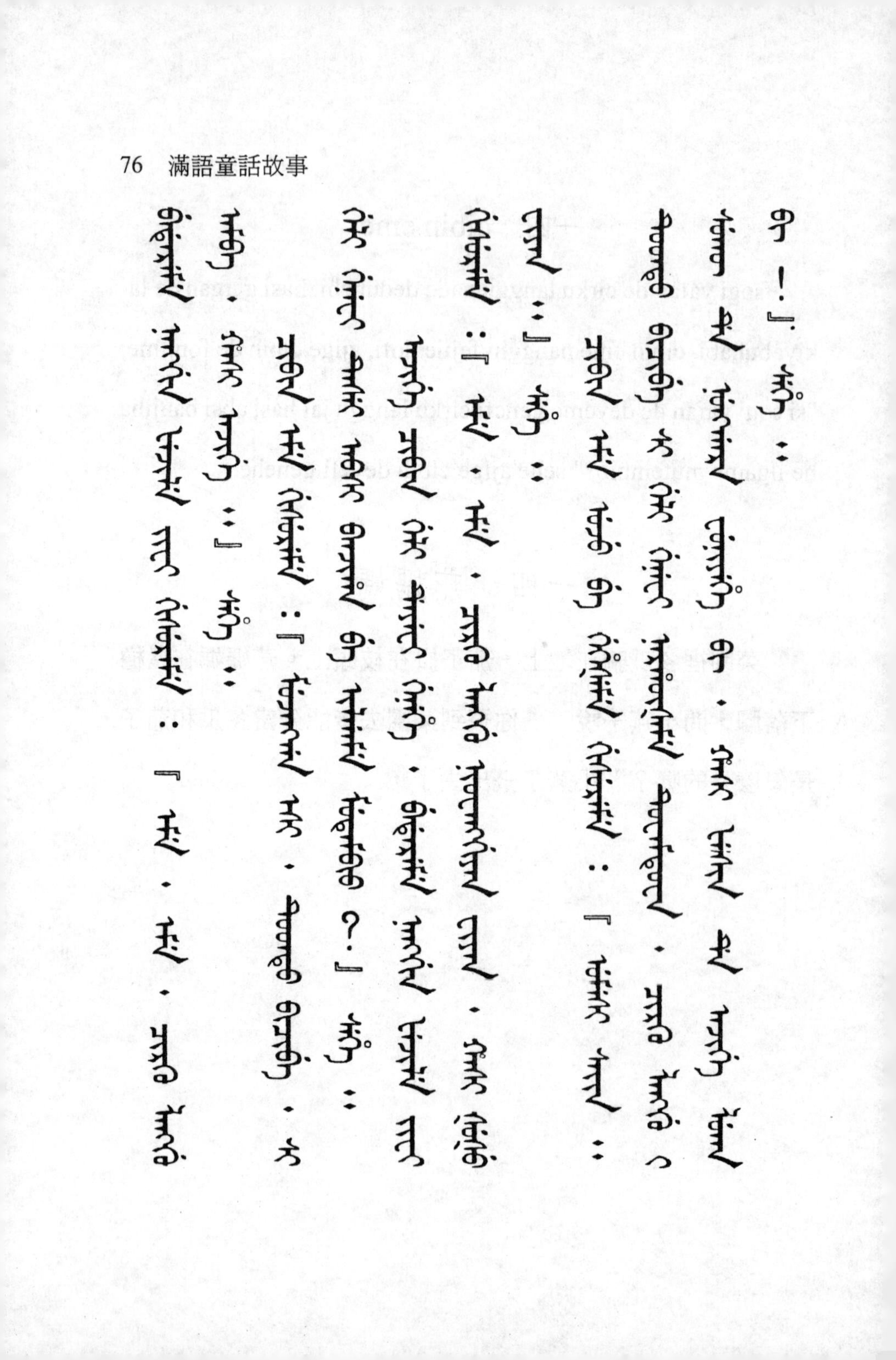

bedereme nanggin fejile jifi gisureme: "eme, eme, cirku langgu amba, hasi ajige." sehe. cibin eme gisureme: "mujangga esi, tuttu bicibe, si geli genefi tesei absi banjiha be ilgame mutembio?" sehe. ajige cibin geli deyefi genehe, bedereme nanggin fejile jifi gisureme: "eme, eme, cirku langgu niowanggiyan fiyan, hasi šušu fiyan." sehe. cibin eme uju be gehešeme gisureme: "umesi sain. tuttu bicibe si geli genefi narhūšame tuwamtuwa, cirku langgu i sukū de nunggara funiyehe bi, hasi fesin de ajige luka bi!" sehe.

回來到屋檐下說道："媽媽，媽媽，冬瓜大，茄子小。"燕媽媽說："當然是眞的，但是，你能再去分辨它們是怎麼長的嗎？"小燕子又飛出去了，回到屋檐下說道："媽媽，媽媽，冬瓜綠色，茄子紫色。"燕媽媽點頭說："很好，但是，你再去仔細看看，冬瓜的皮上有茸毛，茄子的柄上有小刺！"

一五 ᠨᡳᠣᡥᡠ ᡳ ᠠᡳᠰᡳ

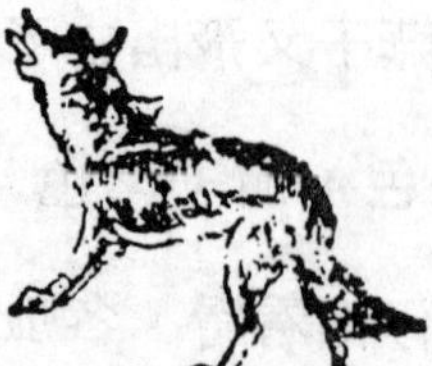

一五　niohe i yasa

niohe tasha i emgi embade bihe erinde, tere i yasa oci nesuken bime ijishūn, tasha de tondo unenggi jai ginggun gungnecuke be iletulembi; tere tasha i emgi gisun gisurere erinde, jilgan mudan fangkalan bime uhuken, aimaka ajige honin i miyarire jilgan i adali.

一五　狼的眼神

狼和老虎在一起的時候，牠的眼神是溫柔而和順的，表現出對老虎的忠誠和恭敬；牠和老虎講話的時候，聲調低沉而柔和，好像小羊咩咩的叫聲一樣。

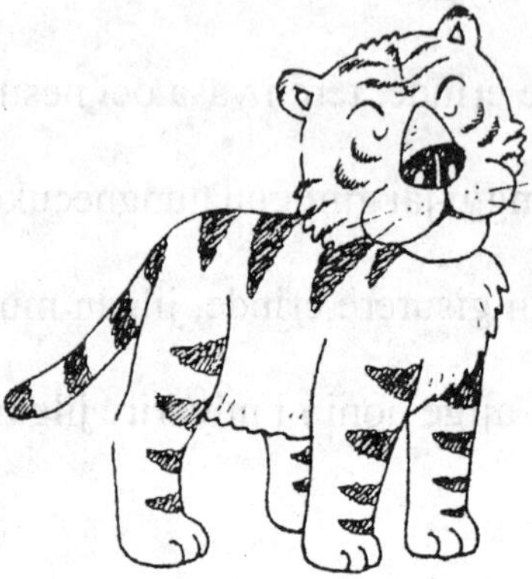

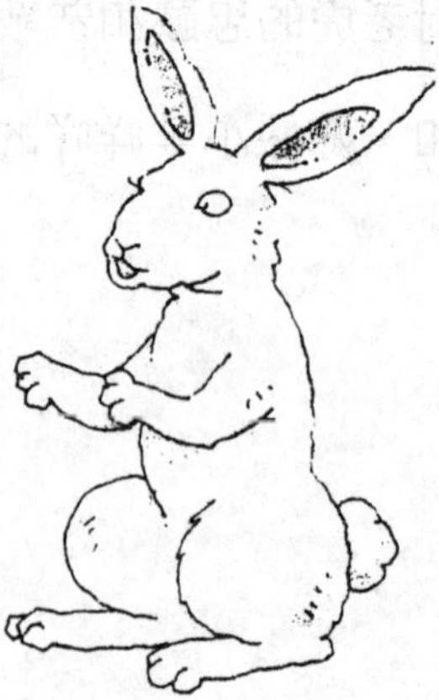

niohe indahūn i emgi embade bihe erinde, tere i yasa uhuken bime hūwaliyasun, indahūn de haji habcihiyan jai ginggucuke hairan be iletulembi; tere indahūn i emgi gisun gisurere erinde, jilgan mudan neciken bime nitaraka, aimaka ajige birgan muke i yur seme eyere jilgan i adali šan de icangga donjibumbi.

狼和狗在一起的時候，牠的眼神溫和而友好，表現出對狗的親切和敬愛；牠和狗講話的時候，聲調平緩而和順，好像小溪水潺潺流動的聲音一樣，聽起來很悅耳。

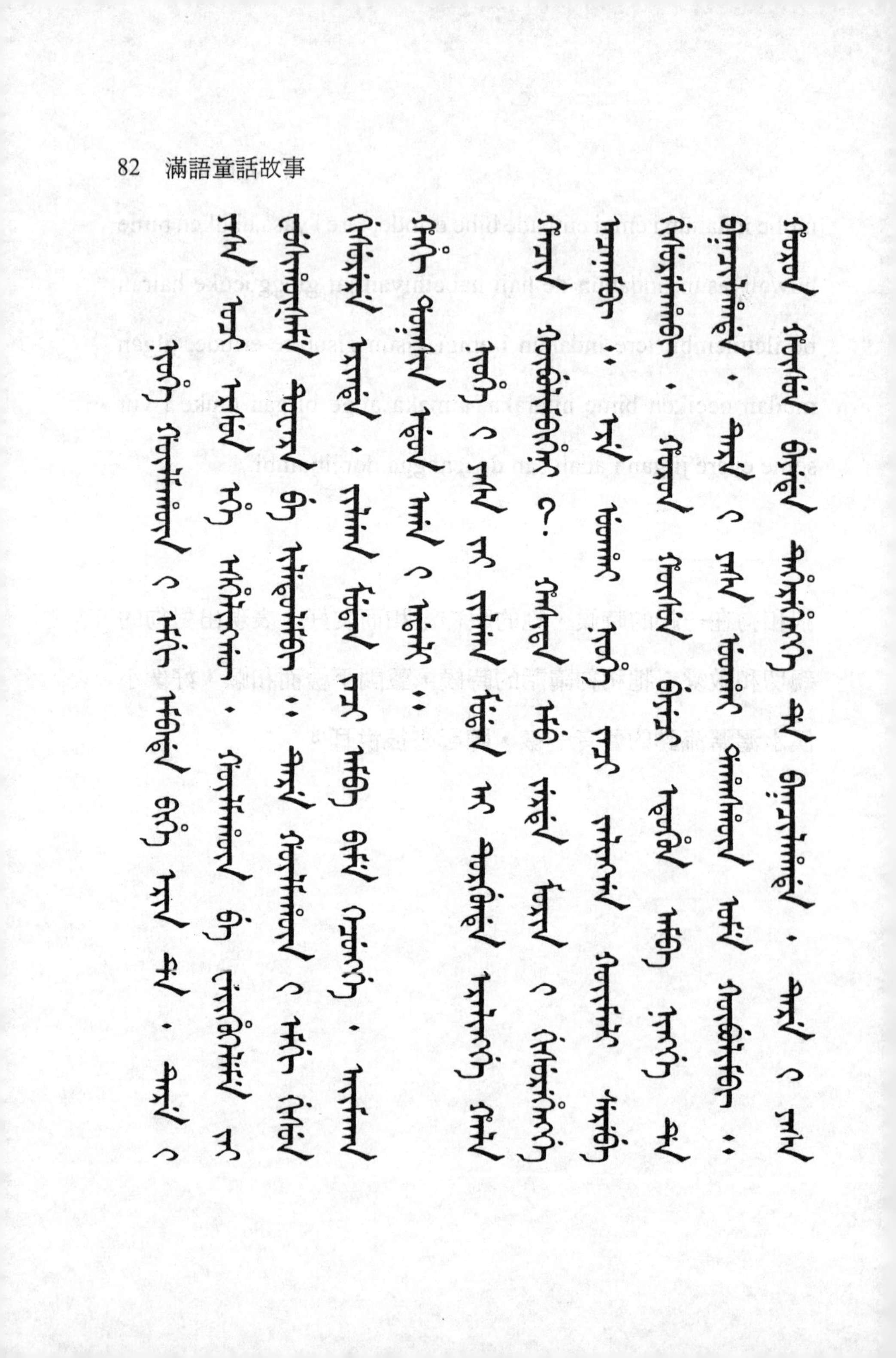

[illegible]

niohe gūlmahūn i emgi embade bihe erin de, tere i yasa oci ersun ehe eshelinggū, gūlmahūn be weihukeleme jai fusihūšame tuwara be iletulembi; tere gūlmahūn i emgi gisun gisurere erinde, jilgan mudan jaci amba bime kecungge, aimaka hahi doksin edun aga i adali. niohe i yasa jai jilgan mudan ai turgunde eralingge hala hacin kūbulimbiheni? hasita emu jerde morin i gisurehengge acanambi: ere uthai niohe jaci jalingga koimali serebe gisuremahabi, horon hūsun beyeci etuhun amba ningge de bakcilahade, tere i yasa uthai dahashūn ome kūbulimbi; horon hūsun beyede teherehengge de bakcilahade, tere i yasa

---

狼和兔子在一起的時候，牠的眼神是凶惡的，表現出對兔子的輕蔑和鄙視。牠同兔子講話的時候，聲調高昂而嚴厲，好像暴風驟雨一樣。狼的眼神和聲調爲什麼這樣有各種各樣的變化呢？還是一匹紅馬所說的對：這正說明狼很狡猾，遇威力比自己強大的對手時，牠的眼神就變成順從的；遇到威力跟自己相當的對手時，

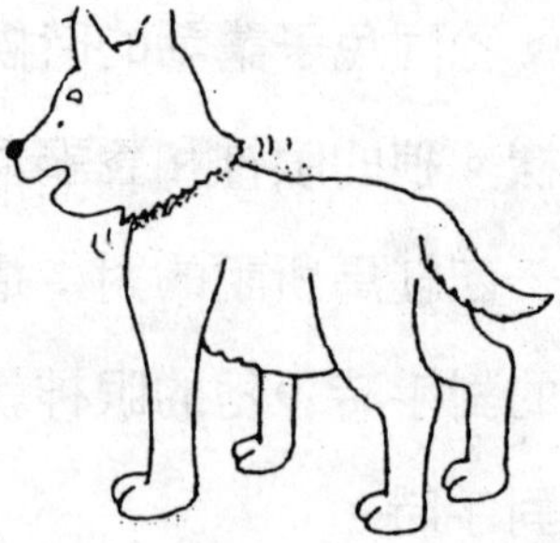

uthai necin hūwaliyasun ome kūbulimbi; horon hūsun beyeci niyere yadalinggū de bakcilahade, tere i yasa uthai jaci kecu ehe ome kūbulimbi. ere uthai horon hūsun be tuwame kūbulire yasa waka semoo?

牠的眼神就變成平和的；遇到威力比自己弱小的對手時，牠的眼神就變得很凶惡，這不是看勢力變化眼神嗎？

一六 [illegible]

[illegible]

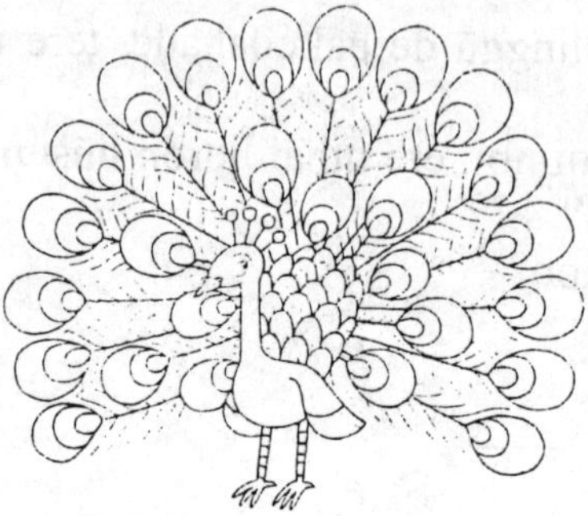

[illegible]

一六　cokto tojin cecike

tojin cecike i banjihangge jaci giru saikan, tuttu bicibe terei cokto banin be yaya we gemu cihalarakū. tere we i hojo banjiha be sabuha sehede, tere uthai asha i funggala be isihime dasatame, uncehen be sarafi, ini giru saikan be ferguweme mangga tuwabumbi.

一六　驕傲的孔雀

孔雀長的很美麗，但是牠的驕傲個性誰都不喜歡。牠看見誰長的漂亮時，牠就抖動翅翎，張開尾巴，誇耀牠的美麗。

[illegible]

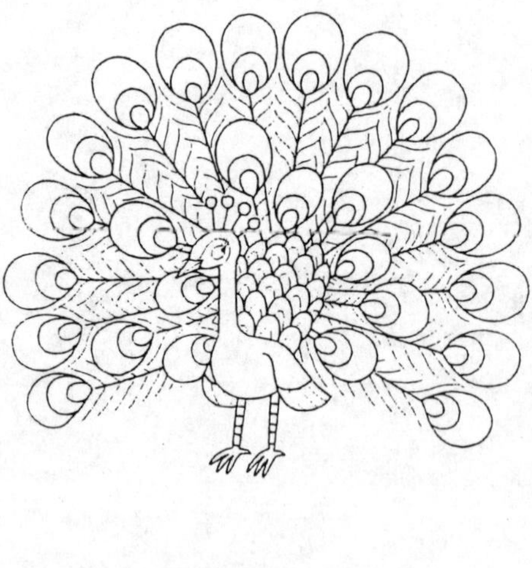

emu inenggi, tojin cecike uju be den tukiyefi ekteršeme, tunggin be anafi, giru saikan golmin uncehen be ušafi, tenggin i ekcireme sula sargašame yabumbi. hailan de doha saksaha jaci doronggo i ini baru uju gehešeme elhe sain be fonjici, tere umai her har sehekū. holkonde, tojin cecike tenggin i dolo emu gasha inu ini emu adali juwan fun i saikan banjiha be sabuha. i nerginde alkūn be ilinjafi, uncehen be saraha. tere giru saikan

---

有一天，孔雀抬高頭挺起胸，拖起美麗的長尾巴，沿著湖岸閒逛。落在樹上的喜鵲很有禮貌的向牠點頭問好時，牠並不理睬。忽然間，孔雀看見湖裡有一隻鳥也長的和牠一樣十分的美麗。牠立刻停下腳步，張開尾巴。

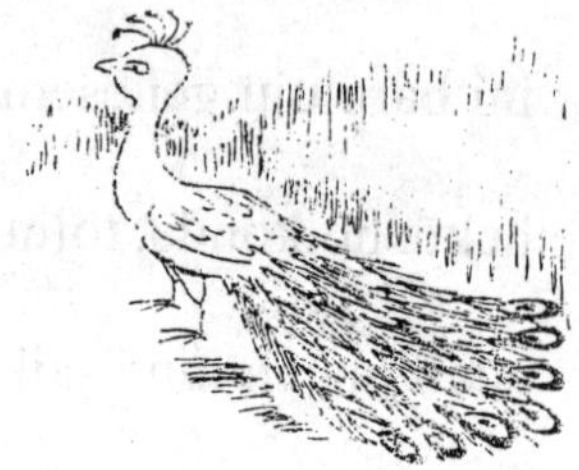

uncehen be isihime sarahangge, aimaka emu sunja boconggo aisin sertehe amba debsiku i adali ohobi. we saha, tenggin dolo bihe tere gasha inu alkūn be ilinjafi, uncehen be saraha. terei giru saikan uncehen be isihime sarahangge, inu aimaka emu sunja boconggo aisin sertehe amba debsiku i adali ohobi. tojin cecike heni jili banjiha, i muheliyen yasa be amba telefi, ujui funggala be isihime dasataha. tenggin dolo bihe tere gasha inu muheliyen yasa be amba telefi, ujui funggala be isihime dasataha. cokto tojin cecike ambula jili

---

牠抖開的美麗尾巴，好像一面五彩鍍金的大扇子一樣。誰知道，在湖裡的那隻鳥也停下腳步，張開尾巴。牠抖開的美麗尾巴，也好像一面五彩鍍金的大扇子一樣。孔雀有些生氣。牠睜大圓圓的眼睛，抖理頭上的羽毛。在湖裡的那隻鳥也睜大圓圓的眼睛，抖理頭上的羽毛。驕傲的孔雀很生氣，

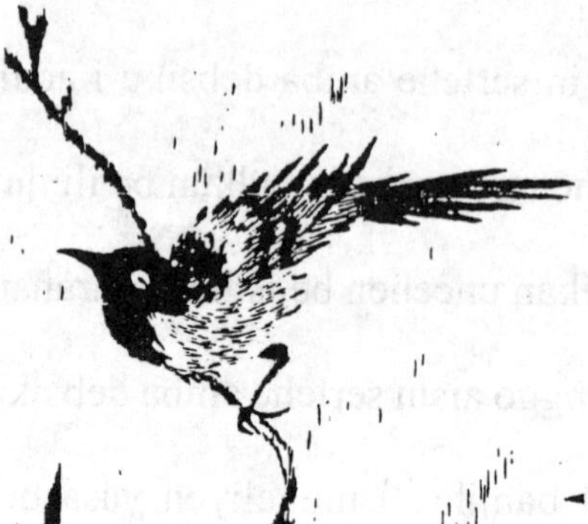

[illegible]

banjifi, tere uju be den tukiyeme ekteršeme, tunggen be anafi, julesi emu amba alkūn alkūha bici, gūnihakū de tuhefi tenggin i dolo dosika. tojin cecike ebišeme bahanarakū ofi, tenggin i dolo heni goidame parkaljaha manggi, teni arkan seme emu hailan fulehe be bahame jafafi, micume ekcin de tafaka. tere uju marifi tenggin i baru tuwafi ambula urgunjehe. tenggin dorgi i tere gasha, gubci beye gemu usihifi, kemuni šurgeceme

---

牠抬高頭，挺起胸膛，向前跨了一大步時，不料掉進了湖裡。孔雀因爲不會游泳，在湖裡掙扎了好一會兒後，才好不容易地抓住一枝樹根，爬上了岸邊。牠回頭向湖裡看後很是高興。湖裡的那隻鳥，全身都濕透了，

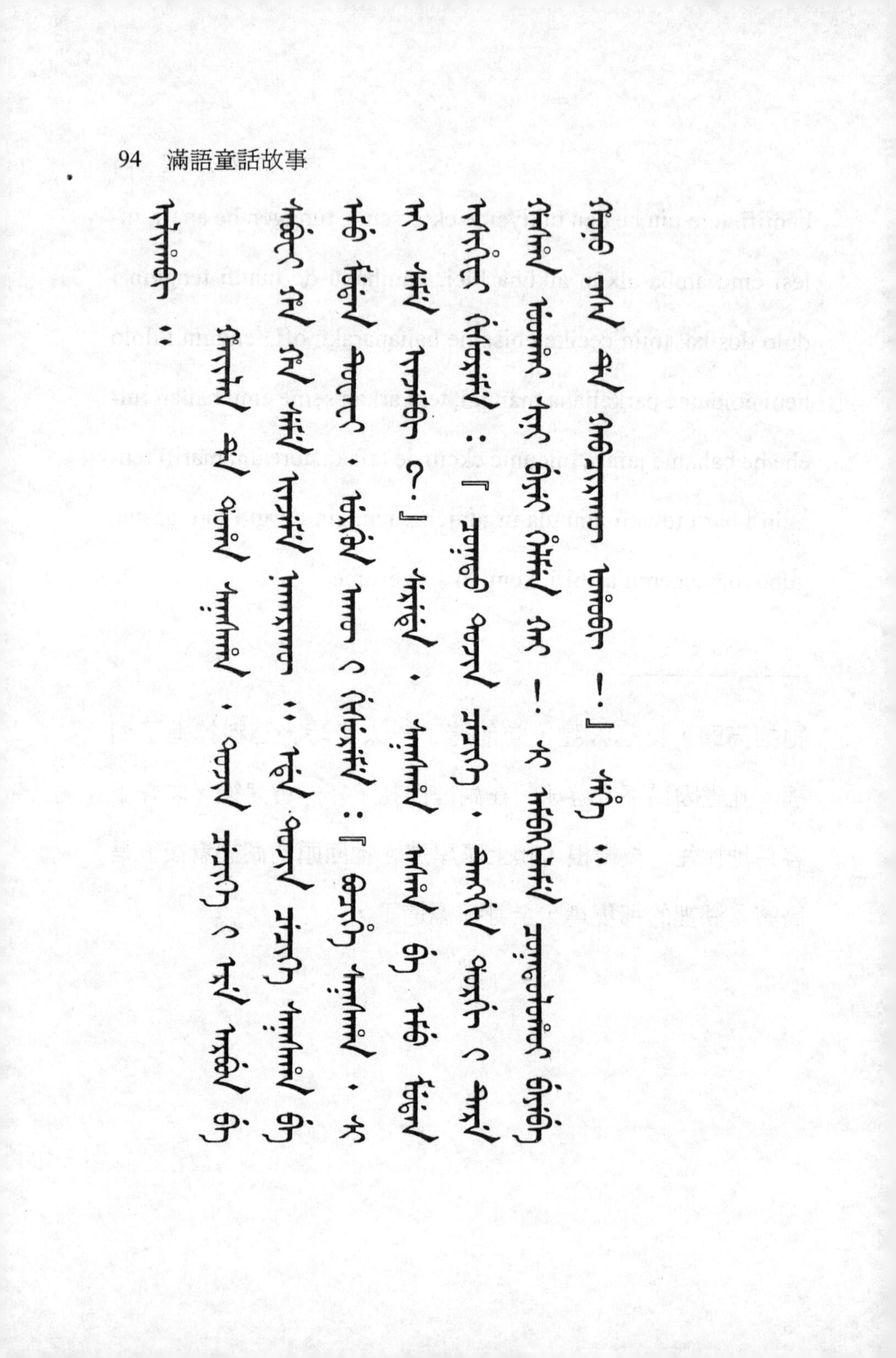

[illegible]

[illegible] ::

[illegible] ::「[illegible] 」::

[illegible] ?」

[illegible] ::「[illegible] ! [illegible] ::

[illegible] !」 ᠰᡝᡥᡝ ::

ilihabi. hailan de doha saksaha, tojin cecike i ere arbun be sabufi ha ha seme injeme nakarakū, ede tojin cecike saksaha be emu mudan tuwafi, urgun akū i gisureme: "bocihe saksaha, si ai seme injembi?" serede, saksaha asha be emu mudan isihifi gisureme: "cokto tojin cecike, tenggin dorgi i tere gasha uthai sini beyei helmen kai! si ambakilame coktolohoi beyebe hono yasa de kabcirakū ohobi!" sehe.

還正在打寒顫。落在樹上的喜鵲，看到了孔雀的這個樣子，哈哈地笑個不停。對此孔雀看了一眼喜鵲，不高興地說道：“醜喜鵲，你笑什麼？”喜鵲抖了一下翅膀說道：“驕傲的孔雀，湖裡的那隻鳥就是你自己的影子啊！你驕傲自大得連自己也不放在眼裡！”

[illegible]

一七 [illegible] [illegible]

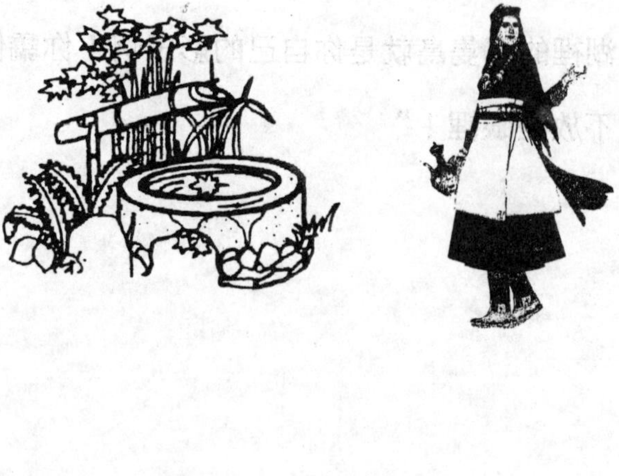

一七　fe hūcin

meni gašan tokso i wargi ujan de emu fe hūcin bi. hūcin dorgi i muke serguwen bime amtangga. tokso i niyalmasa gemu ubaderi muke gamambi. fe hūcin aimaka emu nesuken nemeyen buyenin bisire eme i adali, ini jancuhūn

一七　古井

在我們村莊的東邊有一口古井，井裡的水清涼甘甜，村裡的人都從這裡汲水。古井好像一位溫柔有感情的母親一樣，

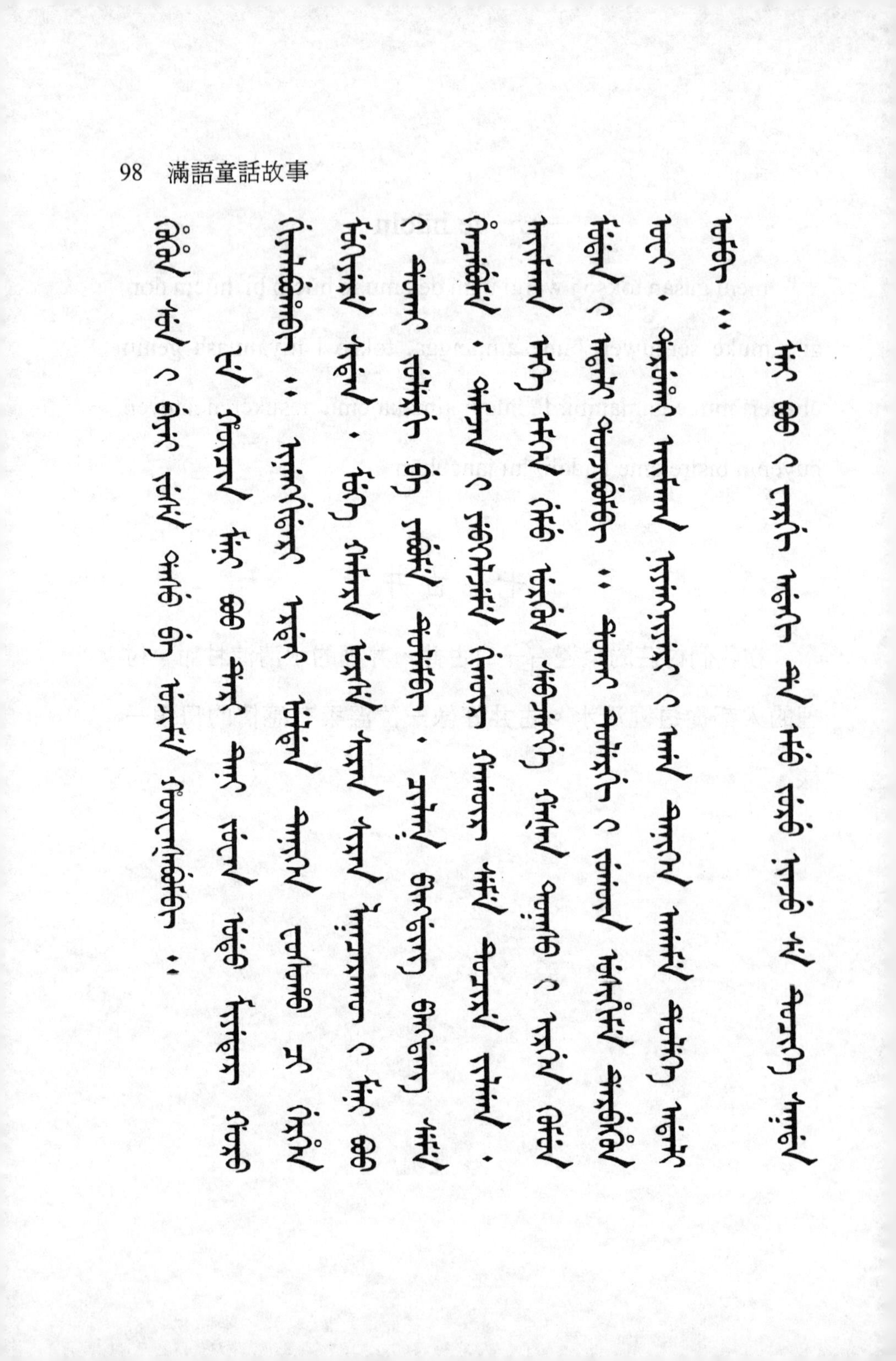

[illegible]

huhun sun i beyei juse dasu be ujime hūwašabumbi. fe hūcin meni boo deri teni juwan udu miyeter goro giyalabuhabi. inenggidari erdei ulden teniken fosoho ci gerhen mukiyere siden, muke gamara urse siran siran lakcarakū i meni boo i dukai julergi be yabume dulembi, cilk pingding pangdang seme hencebume, damjan i yebkeljeme gigūr gagūr seme tucire jilgan, aimaka emke emken gemu urgun sebjengge gašan tokso i irgen kumun mudan i adali donjibumbi. dukai tulergi i jugūn usihime derbehun ofi, daruhai aimaka niyengniyeri i aga teniken agame duleke adali ombi. meni boo i wargi adaki de emu juru ninju se tucike sakda

---

用她甘甜的乳汁養育自己的子女。古井距離我們家才十幾米遠，每天從初露晨曦至黃昏，汲水的人們絡繹不絕地從我們家門前走過，水桶乒乒乓乓地相互碰撞，扁擔彈出嘰咕嘎咕的聲音，聽起來個個都像快樂的村民彈奏的音樂。門外邊的路因被淋濕，經常像才下過春雨一樣。我們家東邊的鄰居有一對六十歲出頭的老人。

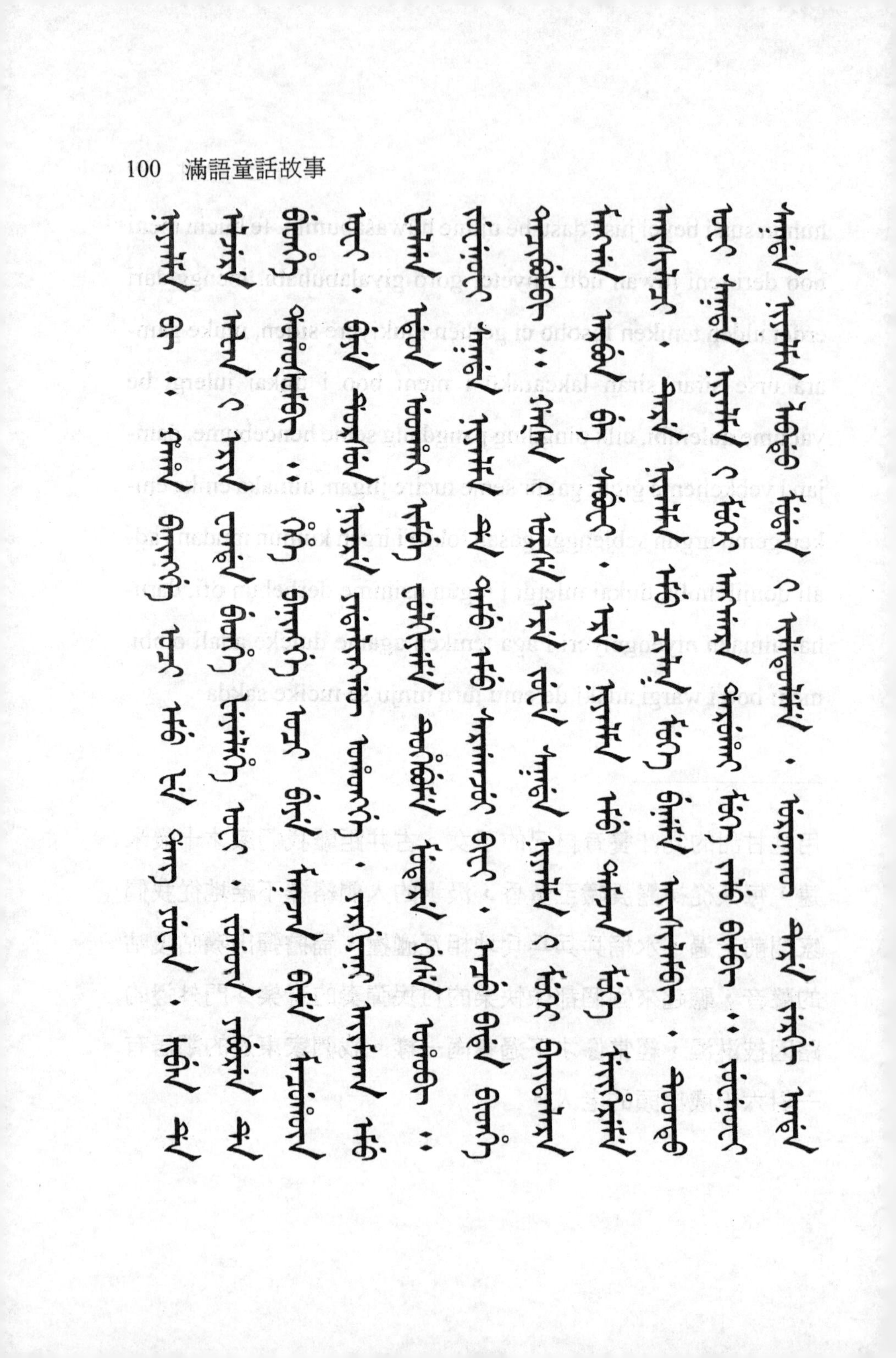

niyalma bi. haha baningge oci emu fe dang yuwan, žiben de eljere afan i erin fonde bethe feyelehe ofi, jugūn yabure de bethe dohošombi; hehe baningge oci beye makjan bime macuhūn ofi, beye dursun niyere yadalinggū ohongge, yargiyani aimaka emu falga edun uthai imbe fulgiyeme tuhebume mutere gese ohobi. juwenofi sakda niyalma de damu emu sarganjui bifi, encu bade bithe tacibumbi. gašan i urse ere juwe sakda niyalma i mukei baitalara mangga arbun be sabufi, ere niyalma emu damjan muke meihereme aisilaci, tere niyalma emu cilk muke beneme aisilambi, tuttu ofi sakda niyalma i mukei anggara daruhai muke jalu bimbi. juwenofi sakda niyalma labdu mudan i iletuleme, urunakū tere jergi inde

---

男的是一位老黨員，抗日戰爭時期，因爲腿部受傷，所以走路時腿跛著；女的因爲個子矮小而且消瘦，身體虛弱得眞像一陣風就能把她吹倒似的。兩位老人只有一個女兒，在別處教書。村裡的人看見這兩位老人用水困難的情形，這個人幫助挑一擔水，那個人幫助送一桶水。因此，老人家裡的水缸常常是滿滿水。兩位老人多次表示，

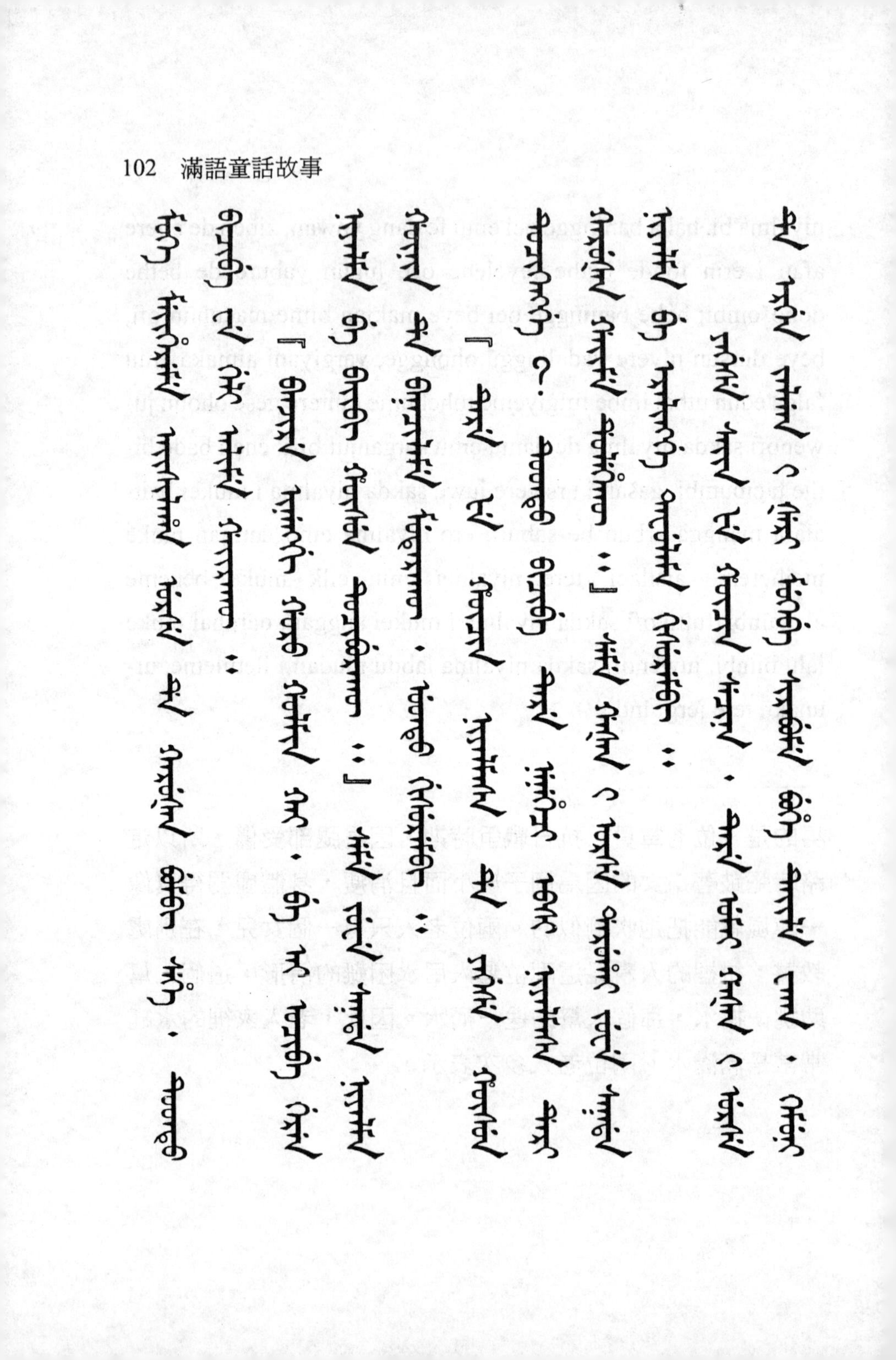

muke meihereme aisilaha urse de karušan bumbi sehe, tuttu bicibe we geli alime gairakū. "banjire inenggi goro golmin kai, be ai ocibe geren niyalma be baibi hūsun tuciburakū." seme juwe sakda niyalma gūnin de bakcilame muterakū, i uttu gisurembi. "tere fe hūcin niyalmasa de yagese hūsun tucikengge? tuttu bicibe tere neneheci ebsi niyalmasa deri karušan gaime dulehekū." seme gašan i urse daruhai juwe sakda niyalma be eralingge tanfulame gisurembi. yagese sain fe hūcin secina, tere umai gašan i urse de ergen jalgan i šeri mukebe sirabume buhe teile waka, kemuni

---

一定要給那些幫助他們的人報酬，但是誰都不接受。“活著的日子還長遠啊！我們無論如何也不能讓大伙白出力。”兩位老人過意不去的說。“那口古井爲人們出了多少力？但是它自古以來從未向人們要過報酬。”村裡的人常常這樣勸兩位老人，要說古井有多好，它並不僅僅是爲村裡人提供維持生命的泉水而已，

[illegible]

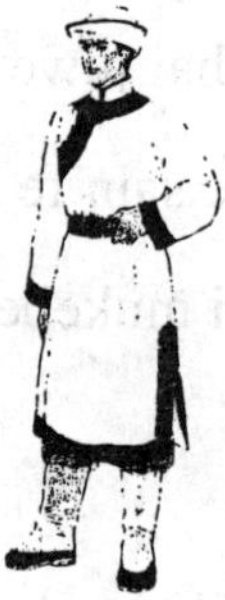

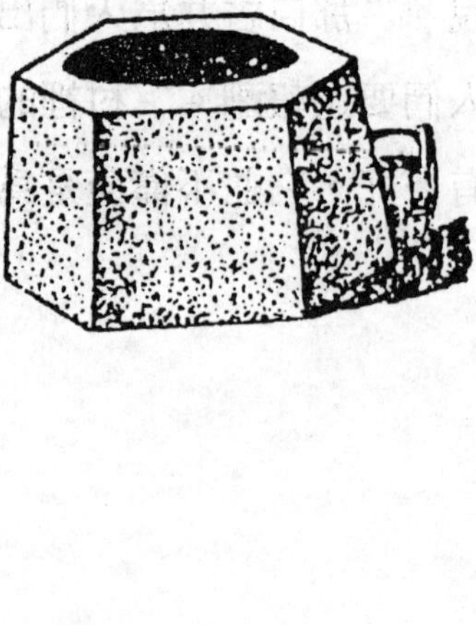

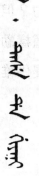

gašan i ursei banin feten be wembume tacibume, tese de giyani absi niyalma ojoro be takabuhabi.

它還陶冶村裡人的情操，讓他們認識應該怎樣做人。

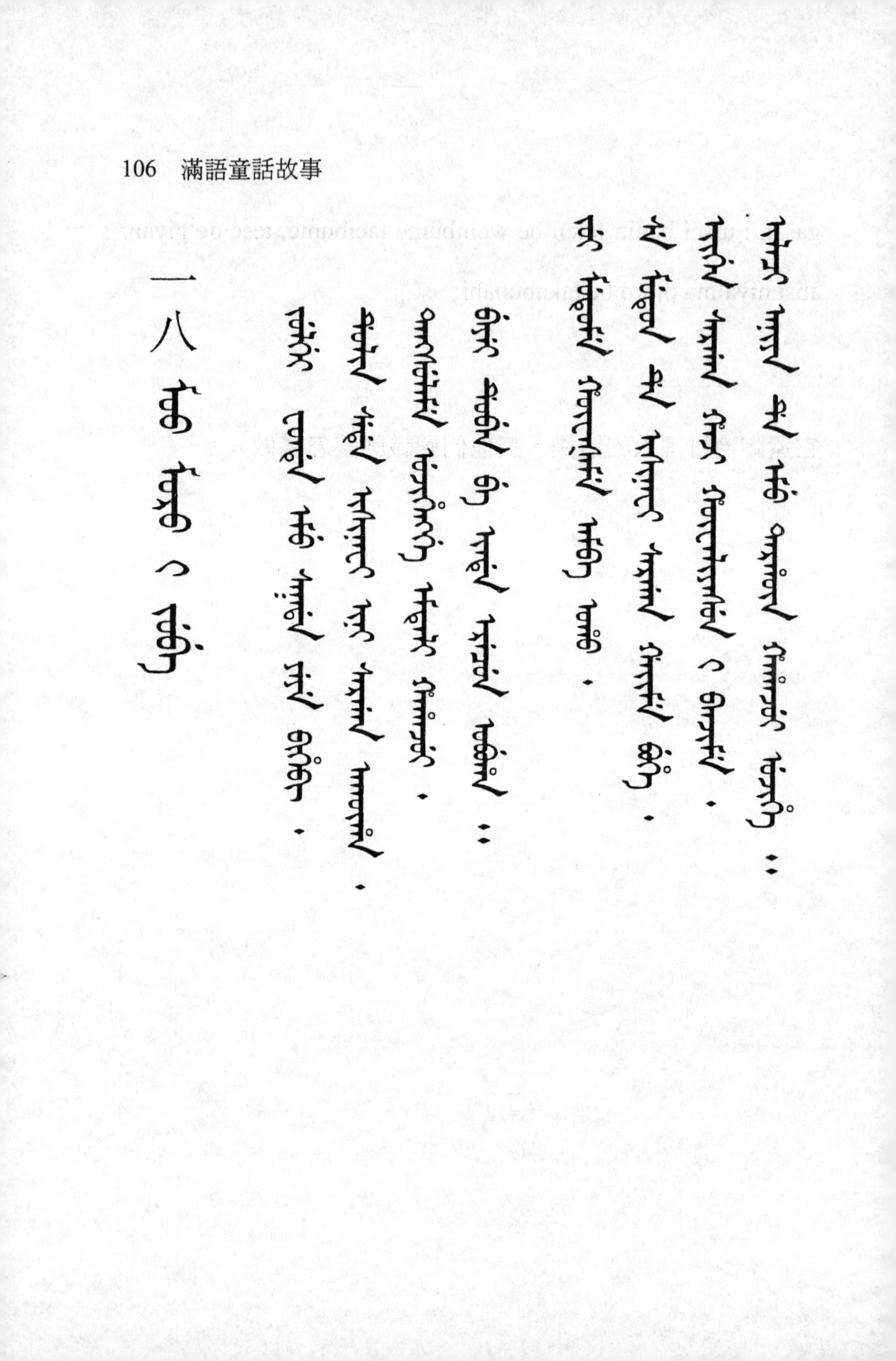

一八 ᡤᡝᠮᡠ ᡤᡝᠮᡠ ᠨᡳ ᡤᡝᠮᡠ

一八　moo moro i jube

julgei fonde emu sakda yeye bihebi, dulin sede isinafi ini sargan akūha, tangsulame ujihengge emteli hahajui, beyei duben be inde erecun obuha. jui mutume hūwašame amba oho, se mutun de isinafi sargan gaime buhe, eigen sargan haji hūwaliyasun i banjime, ilaci aniya de emu tarhūn hahajui ujihe.

一八　木碗的故事

古時候有一位老爺爺，中年的時候他的妻子去世了，嬌生慣養著一個獨子，指望他送終養老。孩子長大了，到了成年時給他娶了妻子，夫妻親愛和睦地過日子。第三年生了一個胖兒子，

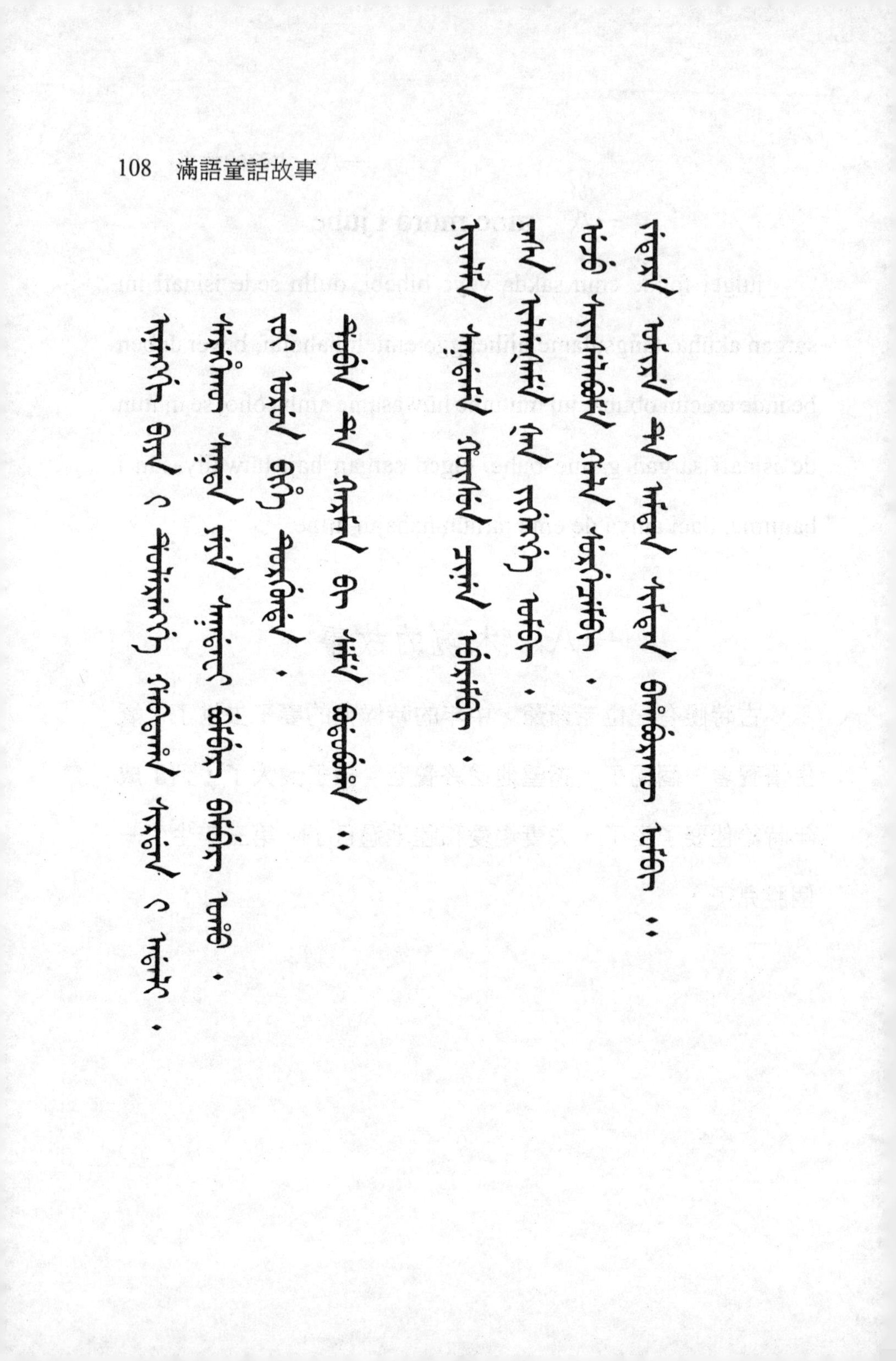

[illegible]

[illegible]

[illegible]

[illegible]

[illegible]

[illegible]

inenggi biya i dulerengge gabtaha sirdan i adali, serehekū sakda yeye sakdafi bumber bamber oho, jui urun bihe turgunde, duben de karman bi seme bodobuha. niyalma sakdame hūsun cinen eberembi, yasa ilgašame šan jigengge ombi, uju saiselabume gala surgecembi, jetere omire de amtan simten bahaburakū ombi.

日子過得像射出去的箭一樣流逝，不知不覺中老爺爺老得老態龍鍾了。因為有自己的兒子、兒媳，料想最後有保障。人老力衰，眼花耳背，頭昏手顫，飲食乏味。

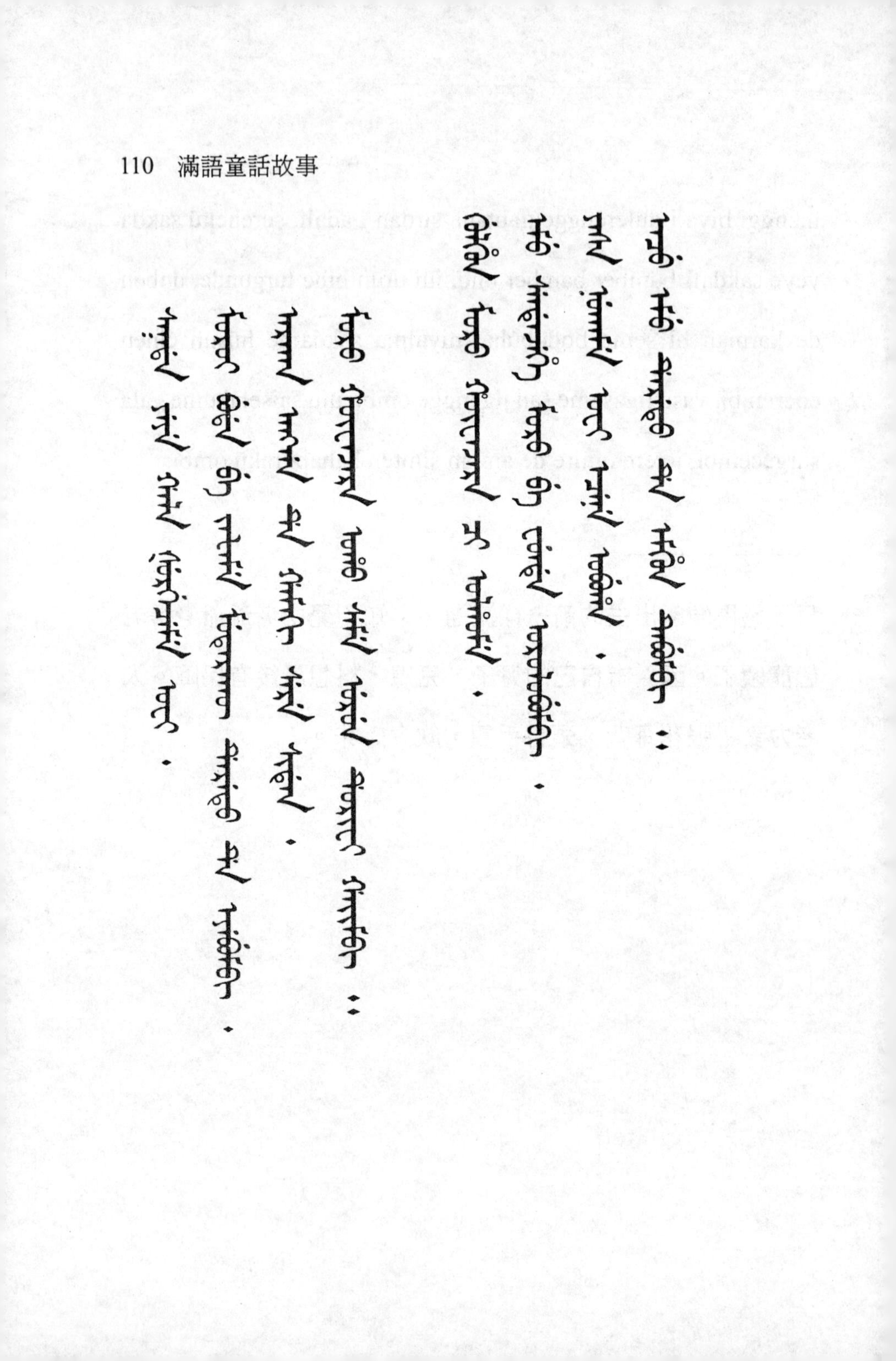

[illegible]

[illegible]

[illegible]

[illegible]

[illegible]

[illegible]

[illegible]

[illegible]

sakda yeye gala šurgeceme ofi, moroi buda be jafame muterakū deretu de eyebumbi, arkan angga de gamaki sere siden, moro hūwajara oho seme urun durifi gaimbi. gulhun moro hūwajara ci olhome, emu sendejehe moro be funde orolobumbi, yasa nukame ofi ecene obuha, encu emu deretu de emhun tebumbi.

老爺爺因爲手抖，不能拿飯碗而撒在桌上，好不容易送到嘴邊，兒媳怕碗破裂而搶了去。因爲怕好碗打碎，拿另外一個缺口的碗代替，因爲礙眼讓他離遠些，單獨坐在另外一張桌子。

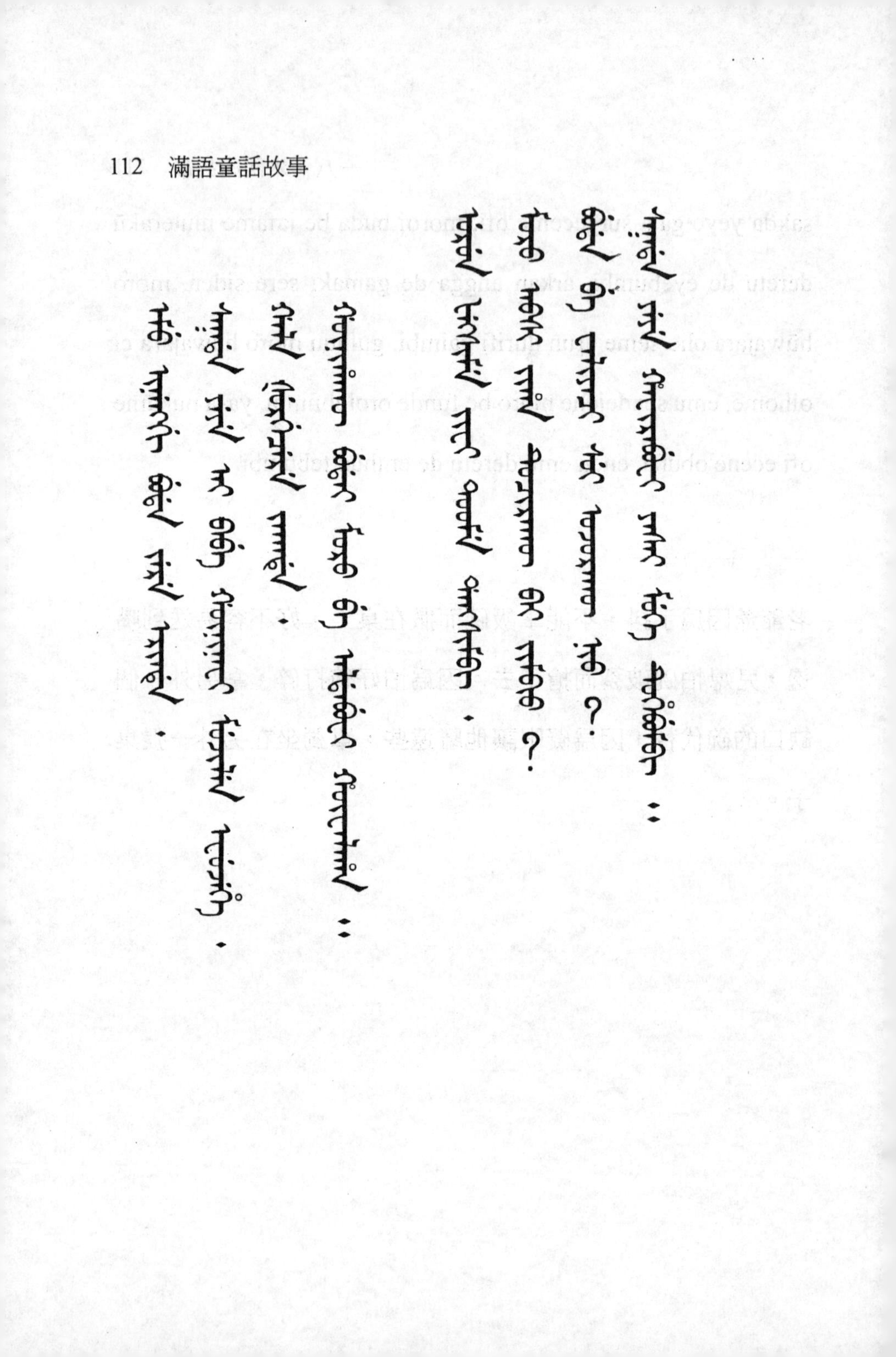

[illegible]

[illegible]

[illegible]

[illegible]

[illegible]

[illegible]

emu inenggi buda jere erinde, sakda yeye ai babe gūninafi mujilen efujehe, gala šurgecere jakade, gūnihakū budai moro be aldabufi hūwalaha. urun feksime jifi toome dangsimbi, "moro absi jiha tucirakū bai jimbio? buda be waliyaci sui ojorakū nio?" sakda yeye hafirabufi yasai muke tuhebumbi.

有一天吃飯的時候，老爺爺想到什麼傷心事，手不停地顫抖，沒想到把飯碗掉在地上打破了，兒媳跑過來責罵說："碗難道不花錢白來嗎？扔掉飯不是罪過嗎？"老爺爺被逼得掉下眼淚。

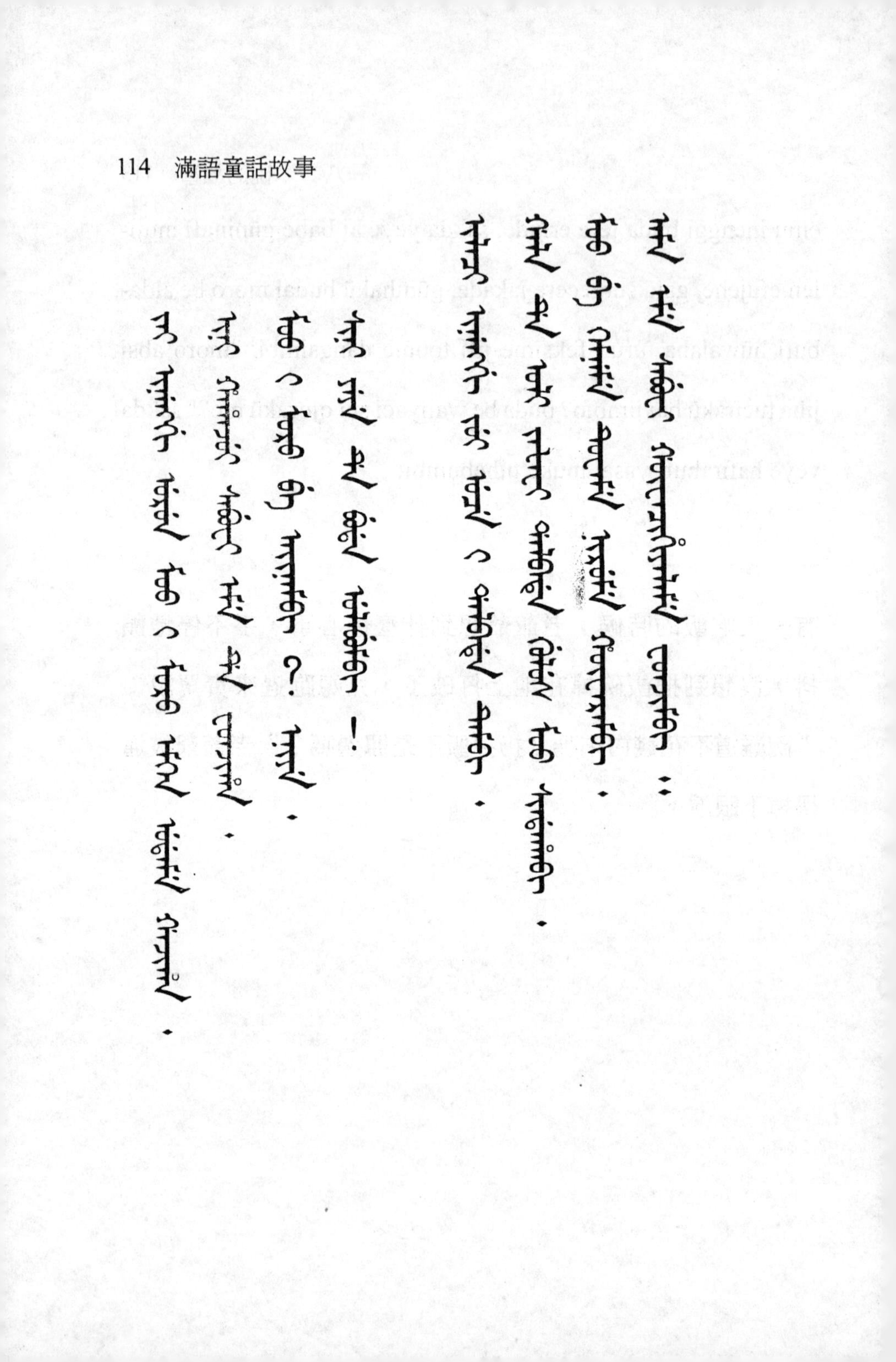

[illegible]

[illegible]

[illegible]

[illegible]

[illegible]

[illegible]

[illegible]

jai inenggi urun moo i moro emken udame gajiha, ini hahajui sabufi eme de fonjiha, "moo i moro be ainambi? eniye" "sini yeye de buda ulebumbi!" ilaci inenggi jui uce i dalbade tembi, gala de oli jafafi dalbade gulus moo sindahabi, moo be kemneme tuwame nirume hūwarambi, ama eme sabufi gūwacihiyalame fonjimbi:

第二天，兒媳買來了一個木碗，她的兒子看見了問母親說：“娘，拿木碗做什麼？”“給你的爺爺吃飯！”第三天，兒子坐在門旁，手上拿了斧頭，旁邊放了木墩子，量著木料畫圖，父母看見了驚訝地問道：

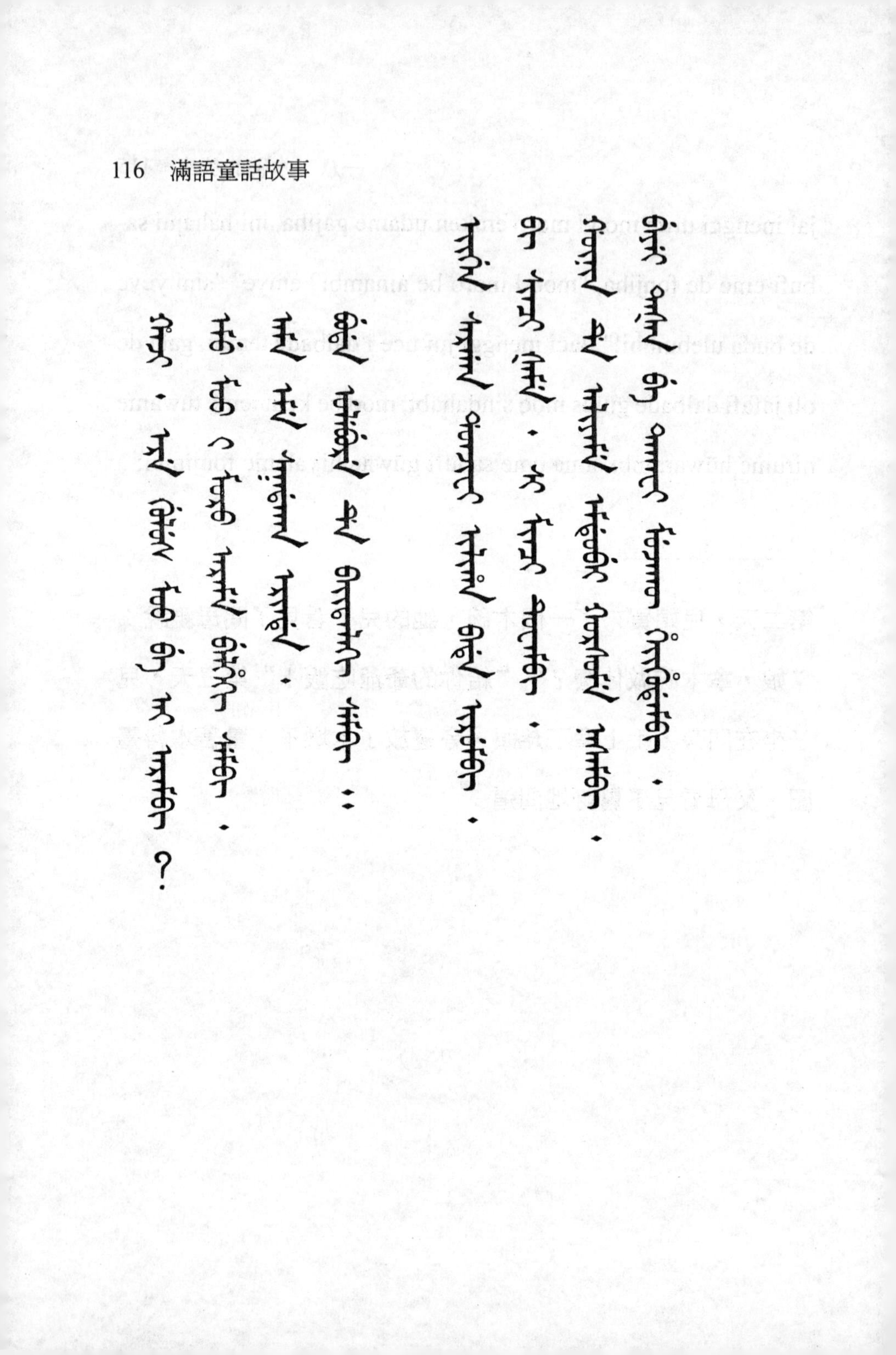

"haji, ere gulus moo be ai arambi?" "emu moo i moro arame belheki sembi, ama eme sakdaka erinde, buda ulebure de baitalaki sembi." eigen sargan donjifi iliha bade irumbi, bi sinci šame, si minci tuwambi gūnin de aliyame emdubei korsome nasambi, beyei tašan be takafi mujakū heihudembi,

---

孩子，拿這木墩子做什麼？"想做一個木碗，預備等父母老的時候，用來吃飯。"夫妻聽了立刻愣在那裡，我瞧你，你看我，心裡悔恨不已，承認自己的錯誤，非常後悔。

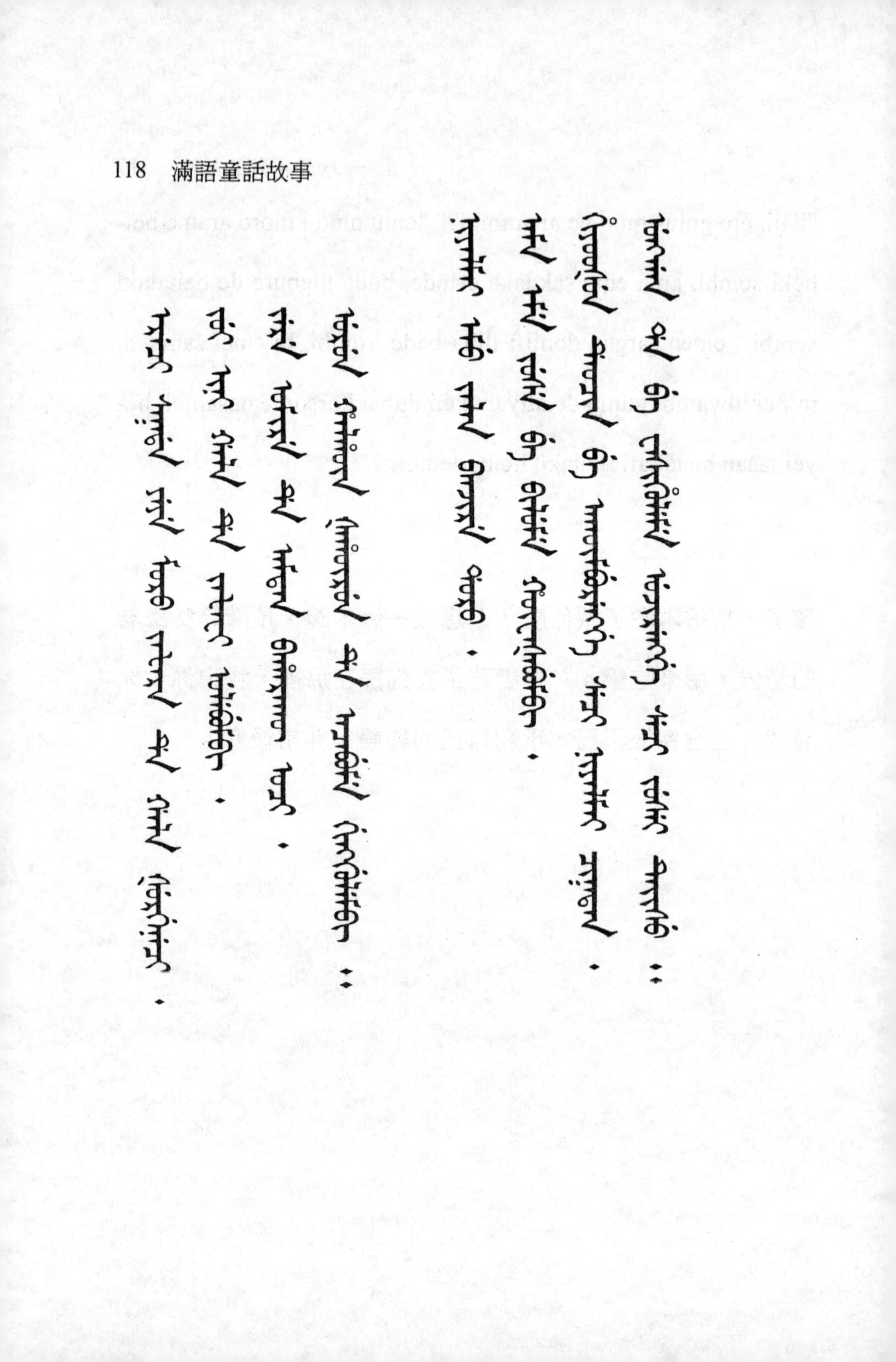

[illegible]

[illegible]

[illegible]

[illegible]

[illegible]

[illegible]

[illegible]

[illegible]

ereci sakda yeye moro jafara de gala šurgeneci, jui ini gala de jafafi ulebumbi, jere omire de amtan baharakū oci, urun halhūn šahūrun de acabume ginggulembi. niyalmai emu jalan banjire doro, ama eme juse be bilume hūwašabumbi, hiyoošun deocin be akūmburengge seci niyalmai ciktan, unggan da be wesihuleme ujirengge seci jusei teisu.

從此，老爺爺拿碗手顫的時候，兒子親手拿碗餵他吃，飲食乏味的時候，兒媳知冷知熱地侍奉，人生之道，父母撫養兒子，盡孝悌可以說是人的根本，敬事長輩可以說是子女的本分。

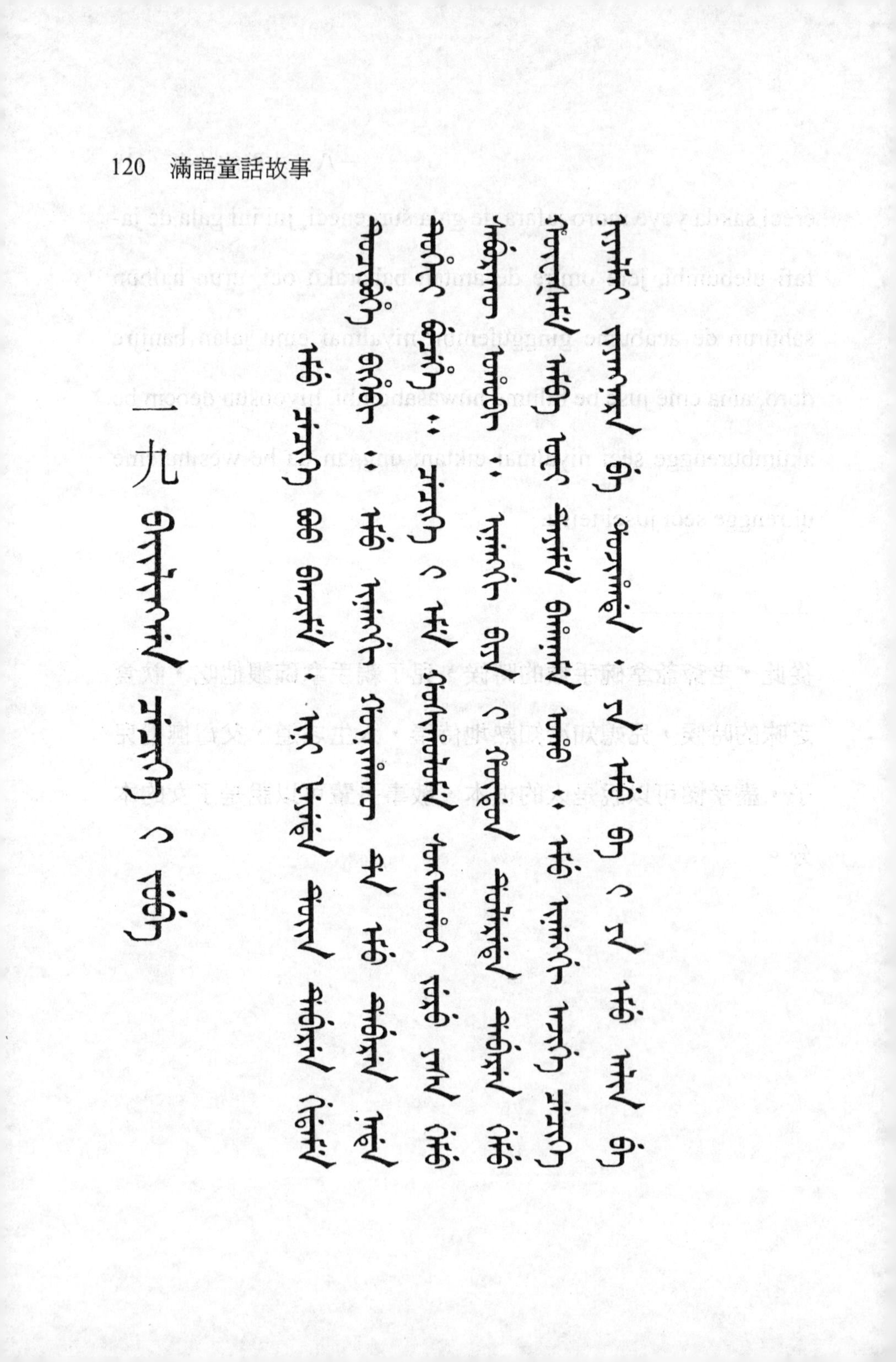

一九 ᠪᡝᡳᡨᡝᠩᡤᡝ ᠨᡳᡴᠠᠨ ᡳ ᡩᠣᡵᠣ

一九　bailingga cecike i jube

emu cecike boo banjime, ini feyede duin deberen gidame tucibuhe bihebi. emu inenggi gūnihakū de emu deberen nade tuhefi bucehe. cecike i eme gosiholome songgohoi juru yasa gemu sabrakū ohobi. inenggi biya i hūdun dulerede deberen gemu hūwašame amba ofi deyeme bahaname oho. emu inenggi ajige cecike niyalmai jiyangnara be donjihade, ya emu ba i ya emu alin be

一九　麻雀報恩的故事

一隻麻雀在家裡過著日子，在牠的窩裡孵出了四隻小麻雀。有一天，一隻小麻雀意外地掉在地上死了。小麻雀的媽媽悲傷地哭得兩眼都看不見了。日月飛快地流逝，小麻雀都長大會飛了。有一天小麻雀聽人講，過了一個地方某一座山，

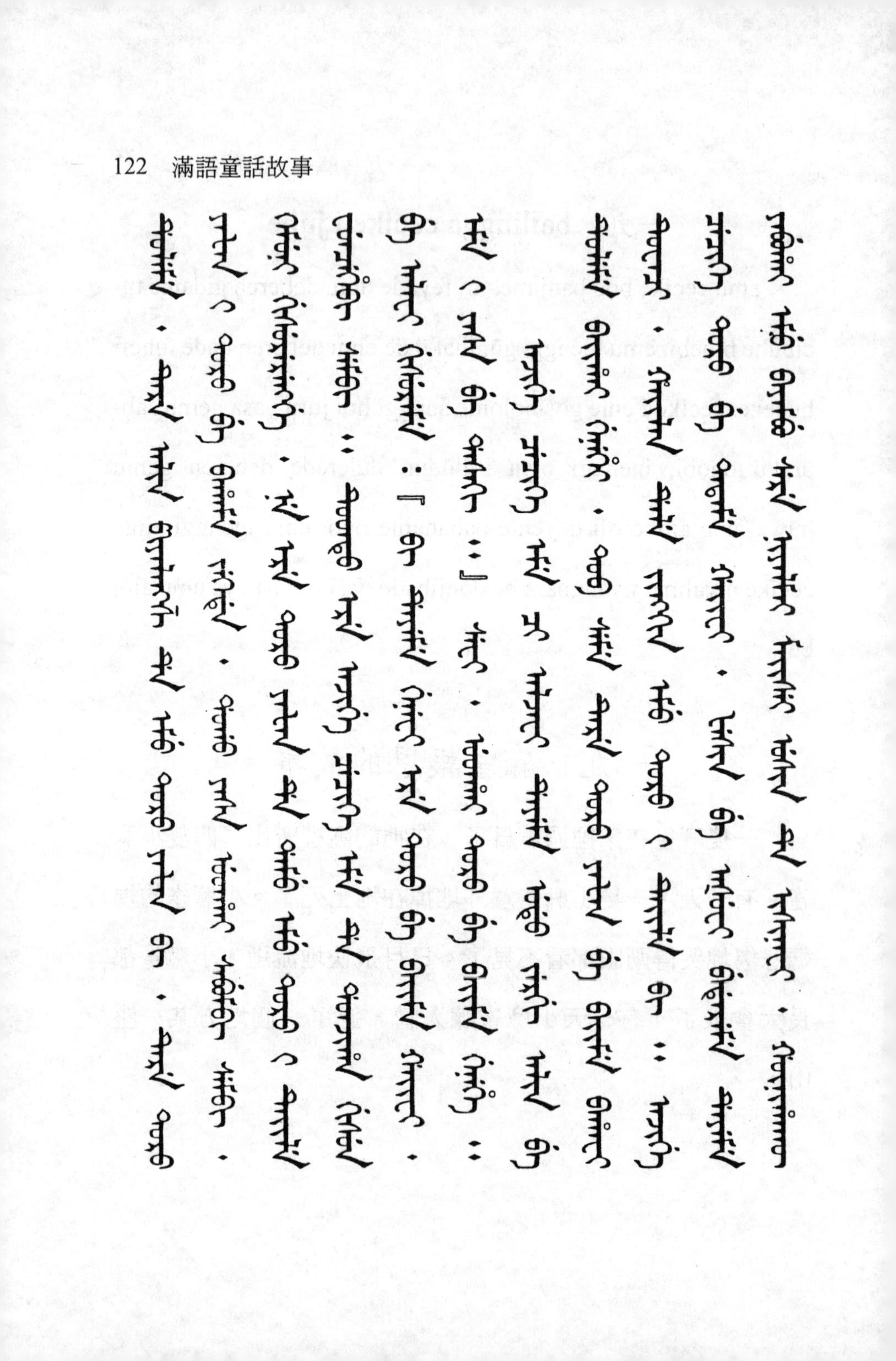

[illegible]

duleme, tere alin piyalangdz de emu toro yafan bi, tere toro yafan i toro be bahame jekede, dogo yasa uthai sabumbi sembi, kemuni gisurerengge, ne ere toro yafan de damu emu toro i teile funcehebi sembi. tuttu ere ajige cecike eme de donjiha gisun be alafi gisureme: "bi deyeme genefi ere toro be baime gaifi, eme i yasa be dasaki." sefi uthai toro be baime genehe. ajige cecike eme ci aljafi deyeme udu jergi alin be duleme baihai genehei, tob seme tere toro yafan be baime bahafi tuwaci, hailan dele jingkin emu toro i teile bi. ajige cecike toro be tatame gaifi, fesin be ašufi bedereme deyeme yabuhai emu bayambu sere niyalmai maisei usin de isinafi, gūnihakū

某某山的山坡上有一個桃園，若能吃到那個桃園的桃子，失明的眼睛就看見了。還說道，現在這個桃園裡只剩下一個桃子了。因此，小麻雀把聽到的話告訴媽媽說：“我飛去找來這個桃子治媽媽的眼睛吧！”說完就飛去找桃子，小麻雀離開母親飛過了幾重山，一直找尋，正好找到那個桃園一看，樹上眞是只有一個桃子。小麻雀摘下桃子，銜著柄往回飛，到了一個名叫巴雅木布的人的麥田，沒想到

ᡶᠣᡨᠣᡥᠣ ᡳ ᠰᡝᠮᡝ ᡤᡳᠰᡠᡵᡝᡥᡝ ᠮᡠᡴᡡ ::

ᠪᠠᡳᡨᠠ ᠰᡝᡵᡝ ᡳᠰᡳᠨᠵᡳᡶᡳ ᠰᡝᠴᡳ ᠪᡝ ᡨᡠᠸᠠᠮᡝ ᠪᡝᡳᡩᡝᡵᡝ ᠪᡝ

ᠰᡝ · ᡨᡝᡳᠰᡠ ::『 ᠪᠠᡳᡨᠠ ᠵᡳᠣ ! ᠪᠠᡳᡨᠠ ᠵᡳᠣ !』

ᠮᡠᡨᡝᡵᡝ ᠪᡝ ᡨᡠᠸᠠᡶᡳ ::

ᡨᡝᡵᡝ · ᠪᡝ ᠪᡝᡳᡩᡝᡵᡝ · ᠵᡠᠸᠠᠨ · ᡨᡠᠸᠠᠨᠴᡳ · ᠰᡝᠮᡝ ᡩᡝ ᡨᡠᠸᠠᠮᡝ

ᠰᡝᡵᡝ · ᠵᡳᡥᡝ ::『 ᠪᠠᡳᡨᠠ ᠵᡳᠣ ! ᠪᠠᡳᡨᠠ ᠵᡳᠣ ! ᠪᠠᡳᡨᠠ ᠵᡳᠣ !』 ᠰᡝᠮᡝ

ᡤᡳᠰᡠᡵᡝᠮᡝ ᠪᡝ ᠰᠠᡵᡴᡡ ᡩᡝ ᡨᡠᠸᠠᠮᡝ ᠪᡠᡥᡝ ᠵᡳᡥᡝ ᡩᡝ ᡨᡠᠸᠠᠨᠠᡥᠠ

ᠰᡝᠮᡝ ᠵᡳᡥᡝ ::『 ᡨᡠᠸᠠ · ᠪᡝ ᠰᡝᡵᡝ · ᡤᡝᠮᡠ ᠵᡳᡥᡝ ᡩᡝ

ᡨᡝᡵᡝ ᠰᡳᠴᡳ ᠪᡝ ᡨᡠᠸᠠᠮᡝ ᡨᡝᡵᡝᠮᡝ ᠪᡝ ᡨᡝᡵᡝ ᠰᡝᠮᡝ ᠪᡳ ::』 ᠪᡠᡥᡝ ᠪᡝ

ᡨᡠᠸᠠᠨᠠᡥᠠ ᡳ ᠪᡠᡥᡝ ᠰᡝᡵᡝ ᡩᡝ ᡨᡠᠸᠠᡥᠠ ᠪᡝ ᡨᡝᡵᡝ ᠪᡝ ::『 ᡥᡡᡩᡠᠨ

toro i fesin moksojofi nade tuheke. bayambu sere niyalma jing dara be mehufi maise hadume bisire de, gaitai: "baili agu! baili agu!" seme kaicara jilgan be donjimbi. bayambu dara be sidarafi erci tuwaci saburakū, terci tuwaci geli saburakū ofi, dahūme dara be mehufi maise hadumbi seci, geli: "baili agu! baili agu!" seme kaicara jilgan be donjimbi. bayambu uju be tukiyefi wesihun tuwaha bici, emu ajige cecike ini ujui dele horgime deyemahabi. ajige cecike gisureme: "baili agu, bairengge tere emu nade tuheke toro be minde gaime bucina, bi amga inenggi urunakū agu i baili de karulambi." sembi.

不料桃柄折斷掉在地上。名叫巴雅木布的人正彎腰割麥時，突然聽到“恩兄！恩兄！”的叫聲，巴雅木布伸直了腰，因爲往這裡看，看不見，往那裡看，又看不見，所以又想彎腰割麥時，又聽到“恩兄！恩兄”的喊叫聲。巴雅木抬頭向上看時，看見一隻小麻雀正在他的頭上盤旋。小麻雀說道：“恩兄，請您把掉在地上的那個桃子拿給我好嗎？我日後一定會報答老兄的恩情。”

[illegible]

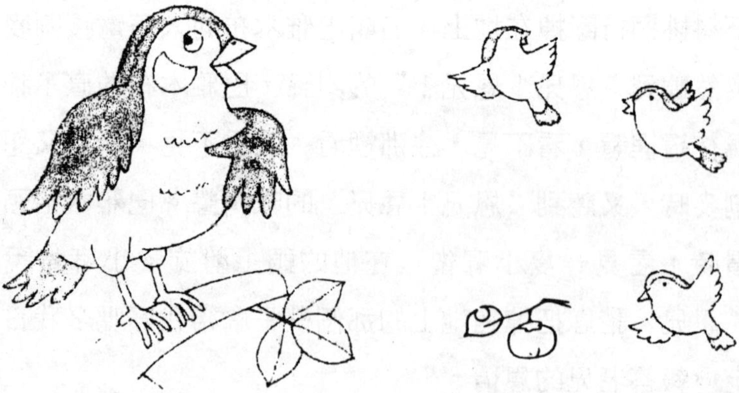

bayambu cecike i gisun be donjifi naci tuwaha bici, jingkin emu fesin akū toro be sabumbi. tere toro be tunggiyeme gaifi, ini etukui adasun be emu gija meiteme gaifi, toro be akdulame hūsifi, cecike i bilha de hūwaitame buhe. cecike ambula baniha sefi deyeme yabuha. cecike toro be meihereme feye de bedereme jifi, baitai

---

巴雅木布聽到麻雀的話後往地上看時，眞的看見一個沒有柄的桃子，他撿起桃子割下一塊自己的衣襟牢牢地包起來，綁在麻雀的脖子上，麻雀大爲感激地致謝後飛走了。麻雀扛著桃子飛回窩裡，

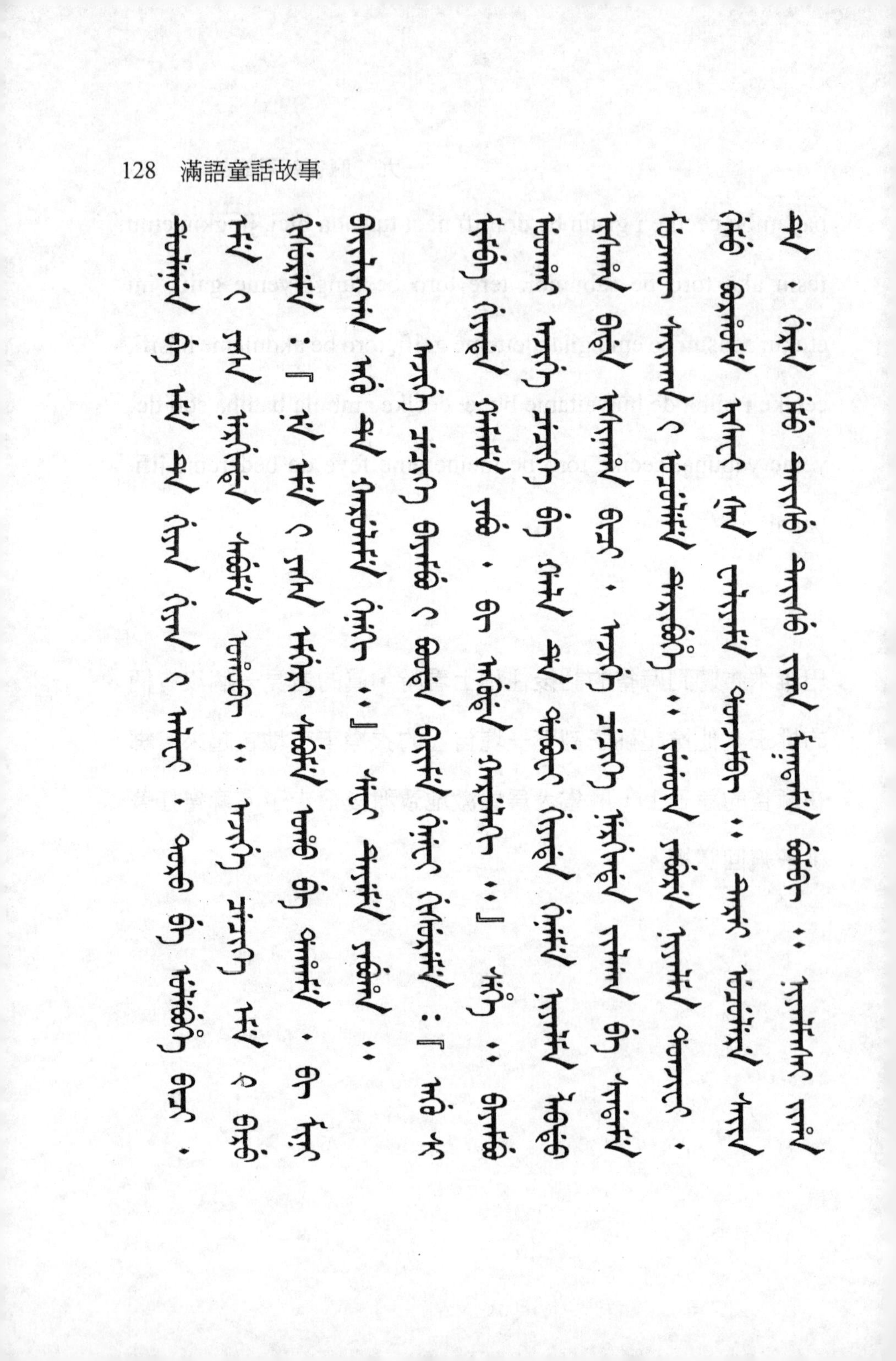

dulenun be eme de giyan giyan i alafi, toro be ulebuhe bici, eme i yasa nerginde sabume ohobi. ajige cecike eme i baru gisureme: "ne eme i yasa emgeri sabume oho be dahame, bi mini bailingga agu de karulame geneki." sefi deyeme yabuha. ajige cecike bayambu i boode baime genefi gisureme: "agu si mimbe giyade gamame yabu, bi agude karulaki." sehe. bayambu uthai ajige cecike be gala de dobufi giyade geneme niyalma labdu isaha bade isinaha bici, ajige cecike nerginde jilgan be sindame mujakū saikan i uculeme deribuhe. jugūn yabure niyalma donjifi, gemu borhome isafi šan waliyame donjimbi. terei uculere sain de, geren gemu teisu teisu jiha maktame bumbi. niyalmasai jiha

把經歷過的事情一五一十地告訴了媽媽後，媽媽吃了桃子，媽媽的眼睛立刻看得見了。小麻雀對媽媽說：“現在媽媽的眼睛既然已經看得見了，我要去報答我的恩兄。”說完就飛走了。小麻雀找到了巴雅木布的家說道：“老兄把我帶到街上去吧！我要報答老兄。”巴雅木布就讓小麻雀停在手上到街上人多聚集的地方去時，小麻雀立刻放聲開始非常悅耳的唱起歌來，牠唱得好，大家都紛紛擲錢給牠。

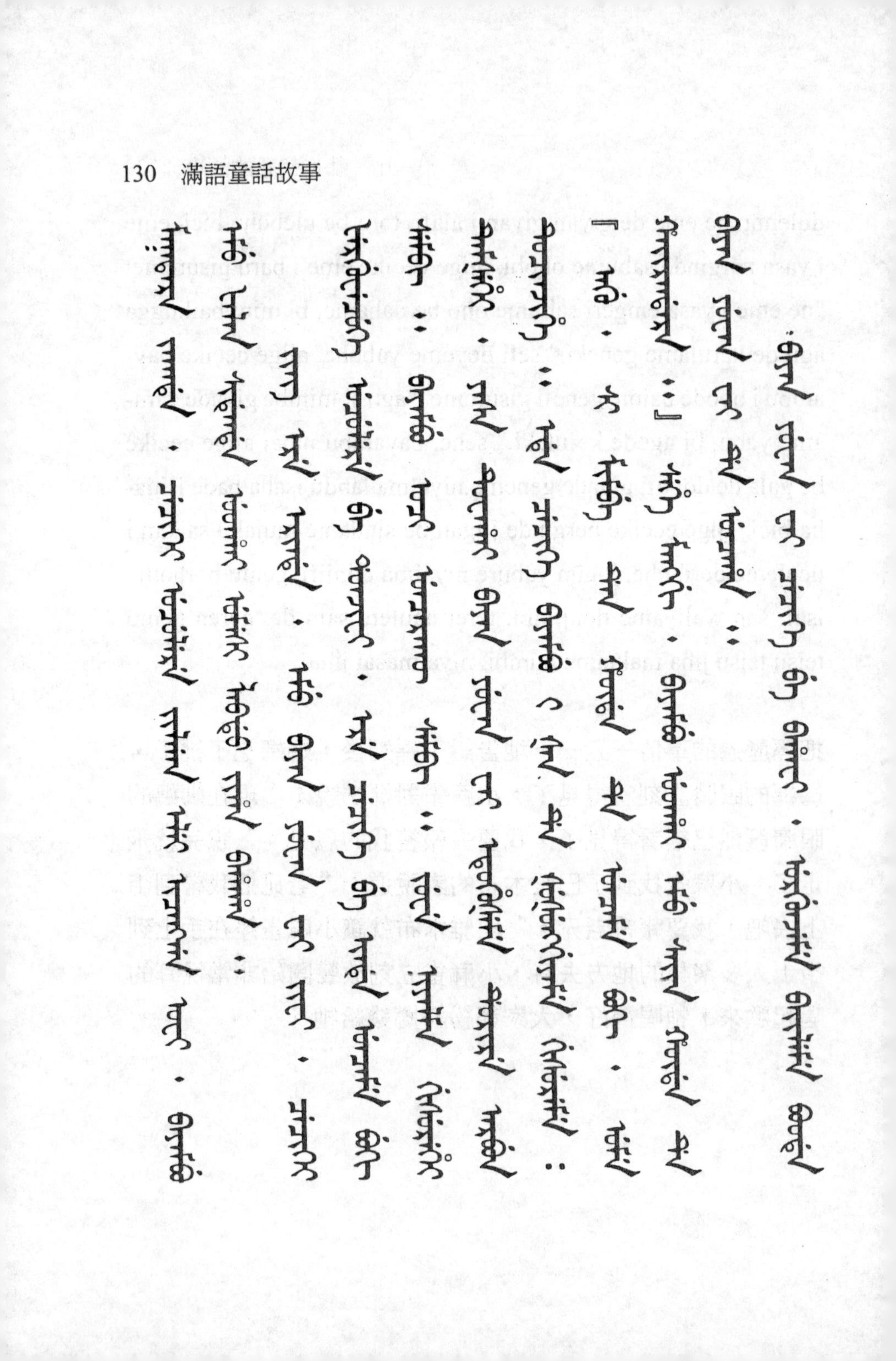

maktara jakade, cecikei uculere jilgan elei icangga ofi, bayambu emu falan sidende uthai umesi labdu jiha bahaha. jing ere erinde, emu bayan yuwan wai jifi, cecikei ferguwecuke uculere be donjifi, ere cecike be inde uncame buki sembi. bayambu oci uncarakū sembi. juwe niyalma gisurehei temšehei, yasa tuwahai bayan yuwan wai etuhušeme durire arbun tucinjihe. ede cecike bayambu i šan de šušunggiyame gisureme: "agu, si mimbe den hūda de uncame buki, ume hairandara." sehe manggi, bayambu uthai emu sain hūda de bayan yuwan wai de uncaha. bayan yuwan wai cecike be bahafi, urgunjeme baileme boode

---

因爲人們擲錢，麻雀唱歌的聲音更加悅耳，巴雅木布一下子就得到了很多錢。正在這時候，有一個富翁員外來了，聽到麻雀奇妙的歌聲，要把這隻麻雀賣給他，巴雅木布不賣，兩人爭執不下，眼看富翁員外表露出硬搶的樣子，麻雀跟巴雅木布說耳語道：“老兄，你把我高價賣給他，不要捨不得。”說完後，巴雅木布就以一個好價錢賣給了富翁員外。富翁員外得到麻雀，高高興興地回到家，

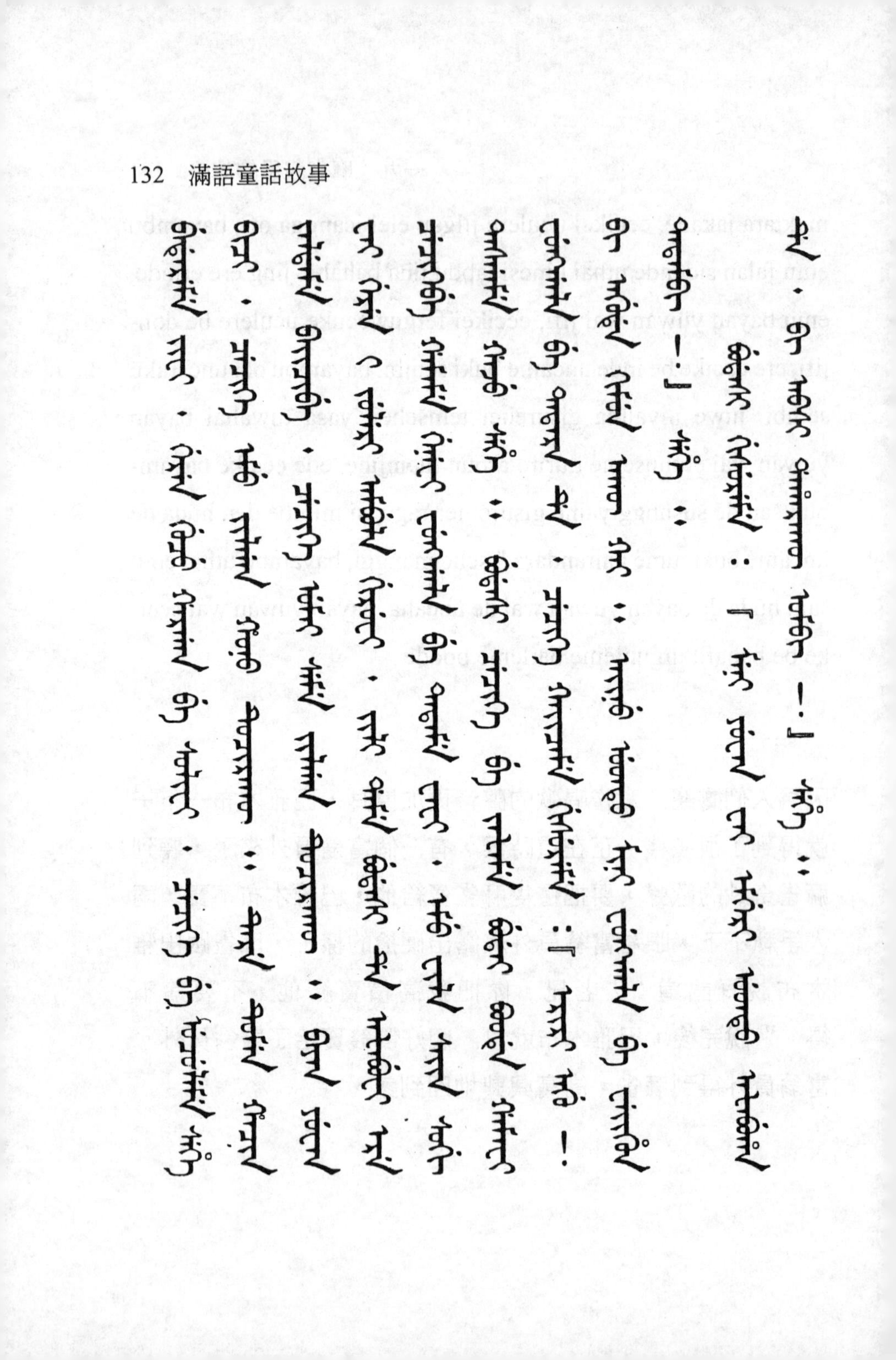

bedereme jifi, geren gucu gargan be solifi, cecike be uculeme sehe bici, cecike emu jilgan hono tucirakū. tere tumen hacin jald-ame baicibe, cecike umai seme jilgan tucirakū. bayan yuwan wai geren i juleri ambula girufi, jili dame budasi de afabufi ere ceci-kebe gamame genefi funggala be tatame wafi, emu fila sain sogi tasgame gaju sehe. budasi cecike be jafame budai boode gamafi funggala be tatara de, cecike kaicame gisureme: "eriri agu!" bi ag-ude kimun akū kai, ainu uttu mini funggala be weihun tatambi!" sehe. budasi gisureme: "meni yuwan wai emgeri uttu afabuha de, bi absi daharakū ombi!" sehe.

請來了許多朋友，讓麻雀唱歌，麻雀卻一聲不吭，他萬般哀求，麻雀並不出聲。富翁員外在大家面前很是羞愧，非常生氣地交待廚夫把這隻麻雀拿去拔下羽毛殺了炒碟好菜拿來。廚夫把麻雀拿到廚房要拔羽毛時，麻雀喊道：“哎呀老兄！我與老兄無仇啊，爲什麼這樣活活地拔我的羽毛？”廚夫說道：“我們員外已經這樣交待了，我哪能不聽啊？”

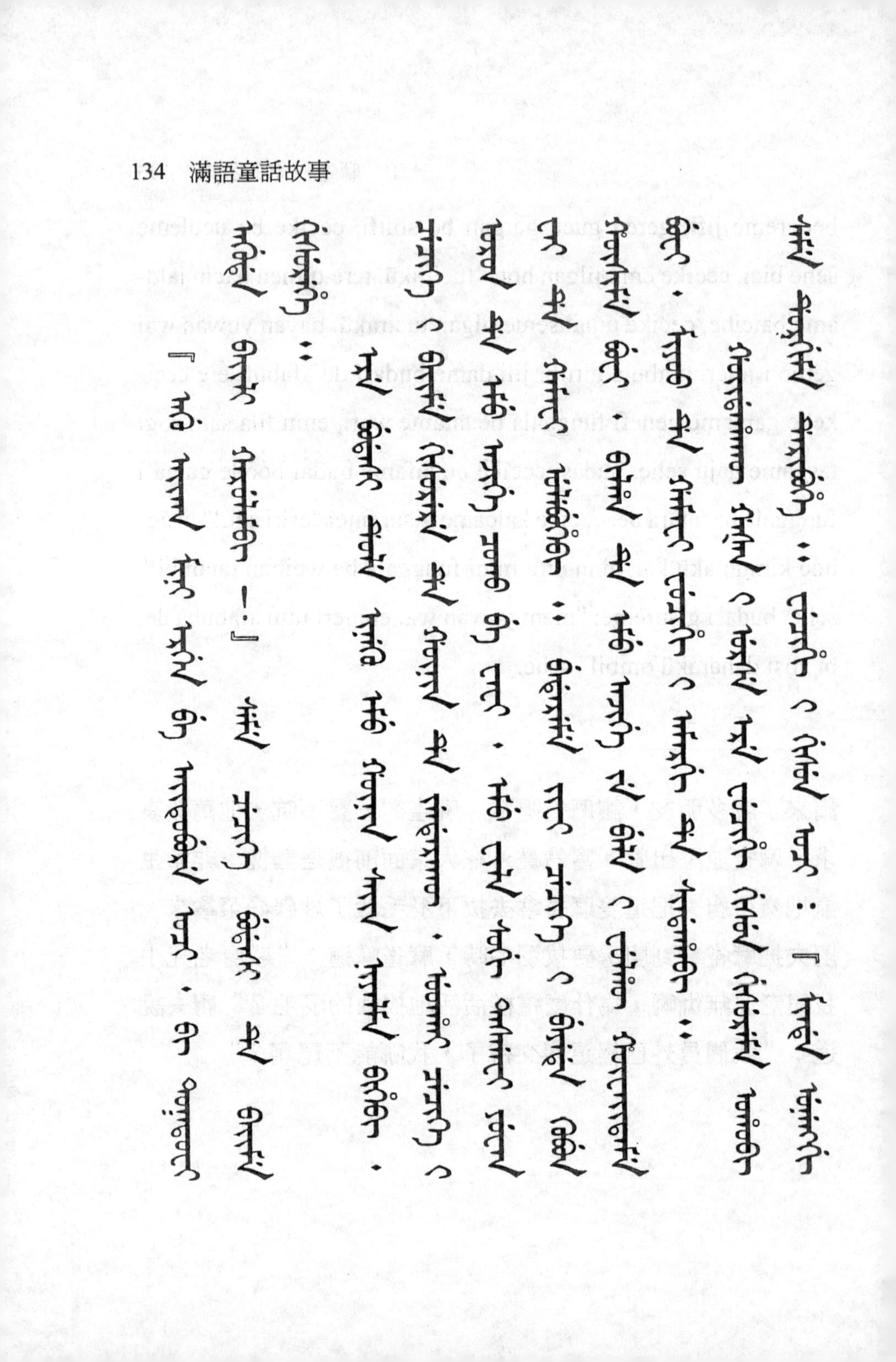

[illegible]

"agu aika mini ergen be aitubure oci, bi toktofi agude baili karulambi!" seme cecike budasi de baime gisurehe. ere budasi dule ineku emu gūnin sain niyalma bihebi, cecike i baime gisurere de gūnin de jenderakū, uthai cecike i oron de emu ajige coko be wafi, emu fila sogi tasgafi yuwan wai de gamafi ulebuhebi. bedereme jifi cecike i beyede kubun hūsime bufi, bilha de emu ajige je bele i fulhū hūwaitame bufi, miyoo de gamafi fucihi i amargi de sindahabi. goidahakū gašan i urse ere fucihi gisun gisureme ohobi seme durgime deribuhe. fucihi i gisun oci: minde unenggi

---

"老兄若是救了我的命，我一定要報答老兄的恩情。"麻雀向廚夫請求道。這個廚夫原來還是一個好心人，由於麻雀的請求，他很不忍心，於是就殺了一隻小雞來代替麻雀，炒了一碟菜給員外吃。他回來後在麻雀的身上包著棉花，在脖子上給牠綁了小米，拿到廟裡，放在佛像後面。過了不久，村裡人開始嚷嚷佛像說話了。佛像的話是：對我誠心叩拜的人，

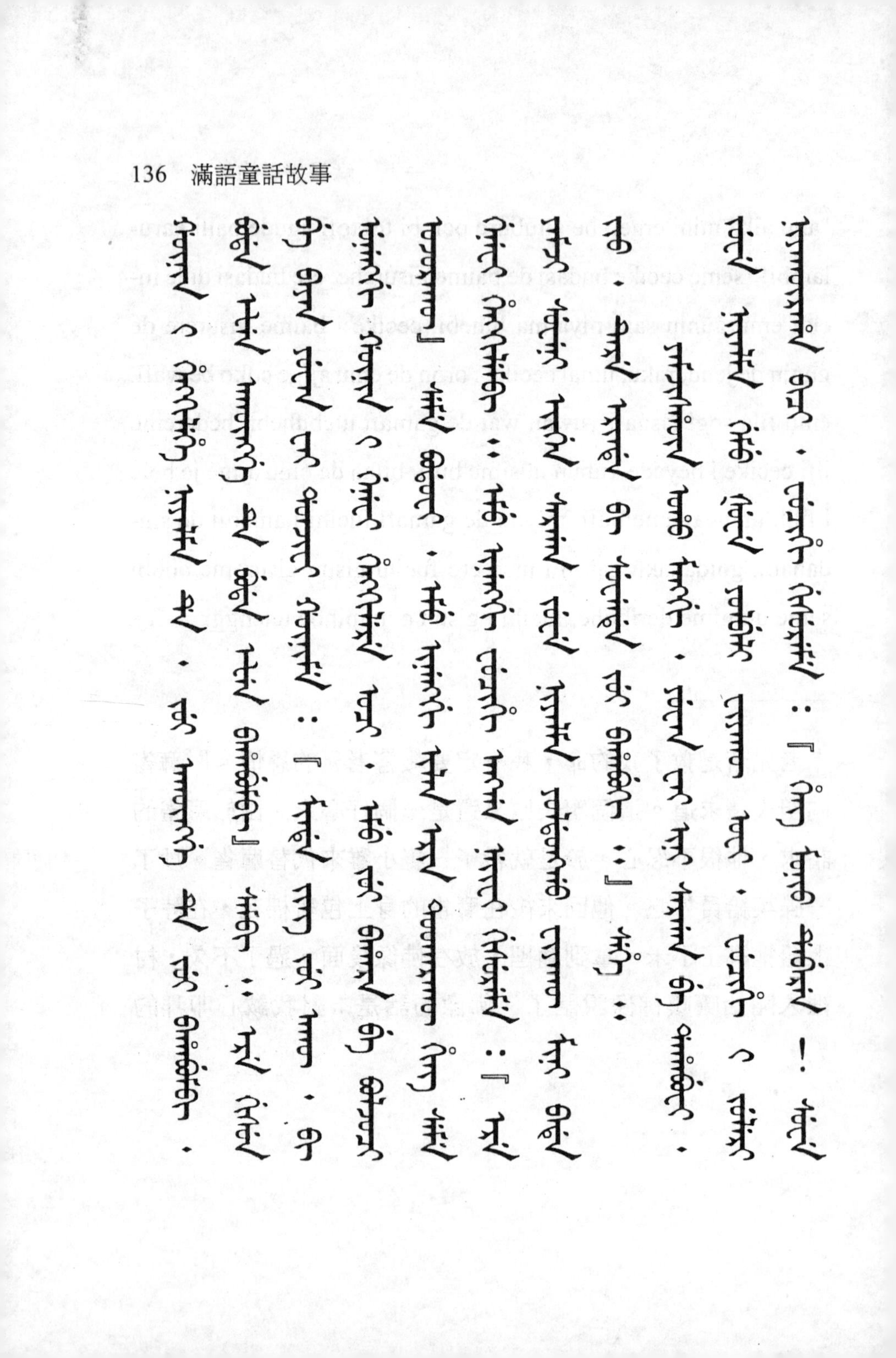

[illegible]

[illegible]

[illegible]

[illegible]

[illegible]

[illegible]

[illegible]

[illegible]

[illegible]

[illegible]

[illegible]

gūnin i hengkilehe niyalma de, jui akūngge de jui bahabumbi, buda efen akūngge de buda efen bahabumbi sembi. ere gisun be bayan yuwan wai donjifi gūnime: minde jing jui akū, bi unenggi gūnin i genefi hengkilere oci, emu jui bahara be boljoci ojorakū seme bodofi, emu inenggi ilan erin tookarakū hing seme genefi hengkilembi. emu inenggi fucihi angga neifi gisureme: "ere yamji suweni eigen sargan juwe niyalma yoldonggo fiyakū mini bade jio, tere erinde bi suwende jui bahabuki." sehe. yamjishūn oho manggi, yuman wai ini sargan be dahabufi, juwe niyalma gemu šuwe yolbeli fiyakū ofi, fucihi i juleri niyakūraha bici, fucihi gisureme: "heng monio deberen! suwe

---

沒有孩子的讓他得到孩子，沒有飯食的讓他得到飯食。富翁員外聽到這話後心想：我正沒有孩子，我若誠心去叩拜的話，說不定可以得到一個孩子，於是每天三趟不耽誤虔誠地去叩拜。有一天佛像開口說道：“今天晚上你們夫妻二人光著身子到我這裡來，那時候我讓你們得到孩子吧！”到了晚上，員外帶著他的妻子，兩人都赤身裸體地跪在佛像的前面。佛像說道：“哼！猴崽子！

[illegible]

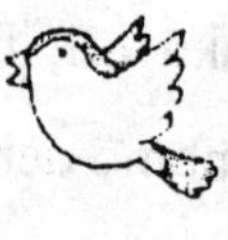

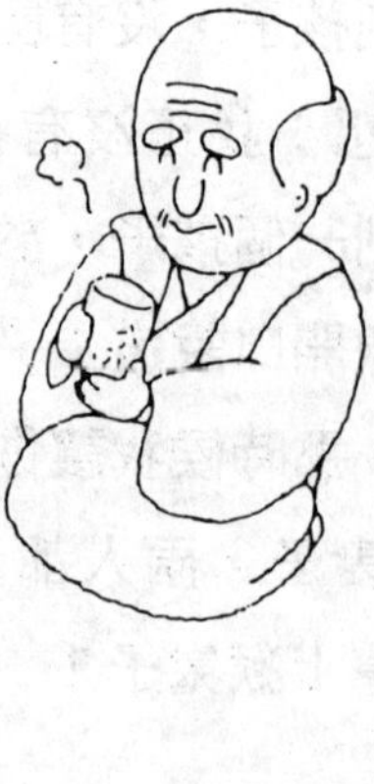

hani mini funggala be tatame mimbe fiyakū obumbi! enenggi bi inu suweni juwe jaka be yoldonggo fiyakū obufi, emu mudan derkūlame mutehe!" seme gisun wajiha bici, fucihi i amargi deri emu cecike far seme deyeme tucifi yabuha.

你們拔我的羽毛，要把我變成赤身裸體，今天我也讓你們兩個東西光著身子，能夠羞辱你們一番，說完話，從佛像的後面有一隻麻雀撲稜一聲出來飛走了。

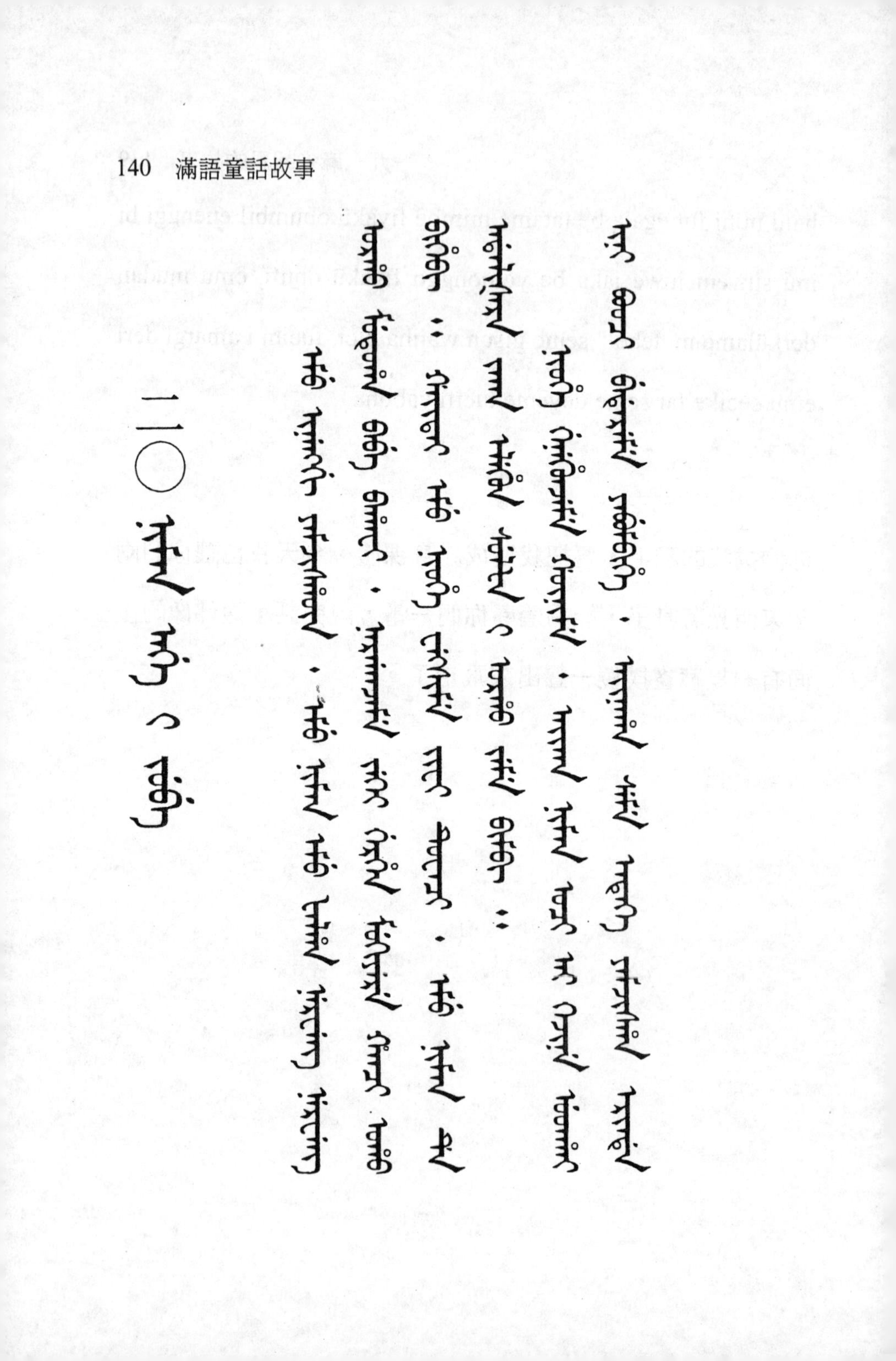

二〇

二〇　niman age i jube

emu inenggi yamjishūn, emu niman emu falha nerweng nerweng orho mutuha babe bahafi, narganjame jekei gerhen mukiyere hanci oho bihebi. gaitai emu niohe feksime jifi tuwaci, emu niman de adališara jaka elehun sulfa i orho jeme bimbi. niohe kenehunjeme gūnime: aika niman oci ai kejine uthai ini booci bedereme yabumbihe, ainaha seme enteke yamjisha erinde

二〇　山羊阿哥的故事

一天傍晚，一隻山羊找到一片長得郁郁蔥蔥的草地，依依不捨地吃得已近黃昏。突然有一隻狼跑過來一看，很像一隻山羊的東西在泰然自若的吃著草。狼心裡懷疑：若是山羊，早已經回家了，絕不會這麼晚的時候

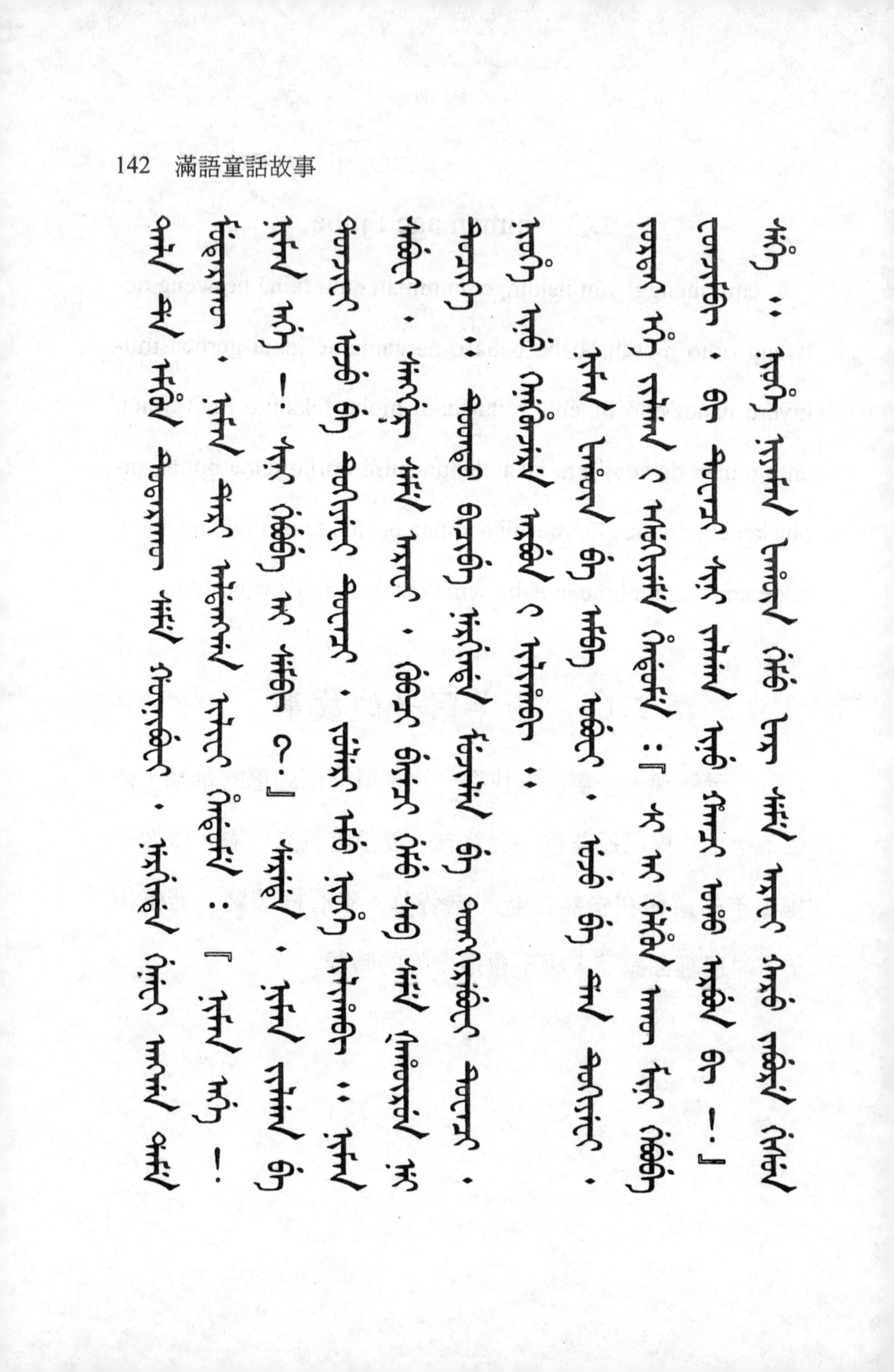

[illegible]

[illegible]

[illegible]

[illegible]

[illegible]

[illegible]

[illegible]

[illegible]

[illegible]

[illegible]

tala de emhun tutarakū seme gūnibufi, nerginde genefi angga dame muterakū, niman deri aldangga ilifi hendume: "niman age! niman age! sini gebube ai sembi?" serede, niman jilgan be donjifi uju be tukiyefi tuwaci, juleri emu niohe ilihabi. niman sabufi, sengger seme arafi, gubci beyeci gemu sab seme šahūrun nei tucike. tuttu bicibe nerginde mujilen be tongkirebufi tuwaci, niohe inu kenehunjere arbun i ilihabi. niman fahūn be amba obufi, uju be den tukiyefi, jortai ehe jilgan i esukiyeme hendume: "si ai gelhun akū mini gebube fonjimbi, bi tuwaci sini jalgan inu hanci oho arbun bi!" sehe. niohe niyaman fahūn gemu far seme arafi karu jabure gisun

---

單獨留在野外，因此不敢立即前去動嘴而站在距離山羊稍遠的地方說道："山羊阿哥！山羊阿哥！你的名字叫什麼？"山羊聽到聲音抬頭一看，前面站著一隻狼。山羊看見後，毛骨悚然，全身都出了冷汗。但隨即鎮定下來一看，狼也半信半疑地站著。山羊壯著膽子，昂起頭，故意以兇惡的聲音斥責說："你怎麼敢問我的名字，我看你的壽限也快盡了。"狼的心肝都撲稜撲稜地說不出話來，

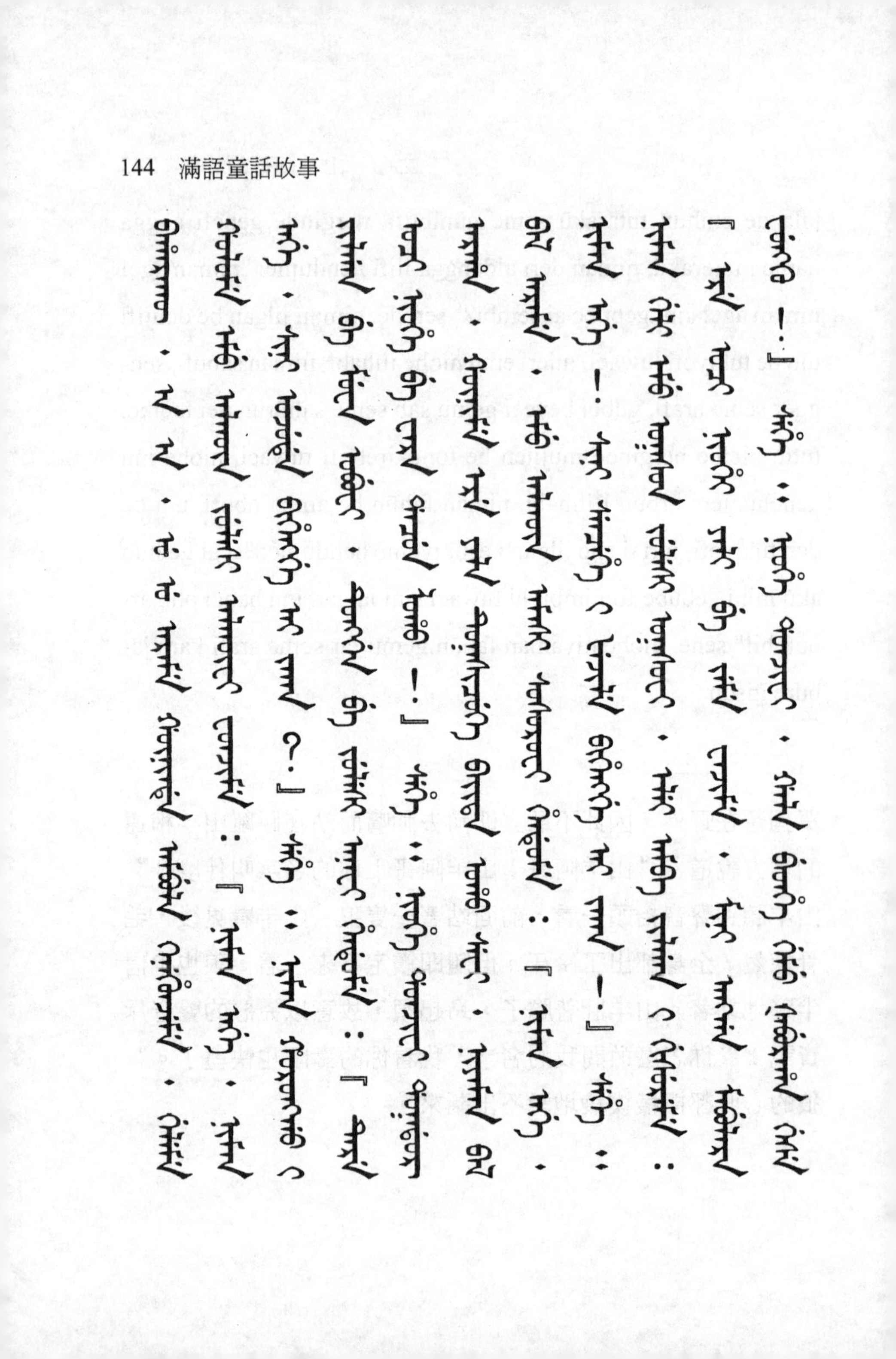

baharakū, a, a, u u arame gūninde ambula kenehunjeme, geleme golome emu alkūn julesi alkūfi fonjime: "niman age, niman age, sini ujude bihengge ai jaka?" sehe. niman horonggo i jilgan be muwa obufi, tunggen be julesi anafi hendume: "tere oci niohe be wara dacun loho!" sehe. niohe donjifi dokdor araha, gūnime ere yala tuksicuke baita oho sefi, niyaman bal bal arame, emu alkūn amasi sosorofi hendume: "niman age, niman age! sini sencehe i fejile bihengge ai jaka!" sehe. niman geli emu okson julesi oksofi, elei amba jilgan i gisureme: "ere oci niohei yali be jeme wajime, mini angga mabulara fungku!" sehe. niohe donjifi, gala bethe gemu šaburaha gese

---

啊啊嗚嗚地心裡非常疑惑，惶恐地向前跨進一步問道：“山羊阿哥，山羊阿哥，你頭上的是什麼東西？”山羊威風凜凜地粗聲挺胸說道：“那是殺狼的快刀！”狼聽了嚇了一跳，心想這眞是危險的事情了，心裡頭蹦蹦地跳著，向後倒退一步說道：“山羊阿哥，山羊阿哥！你下巴下面的是什麼東西？”山羊又向前跨了一步，用更大的聲音說道：“這是吃完狼肉擦嘴的手巾！”狼聽了，手腳都好像

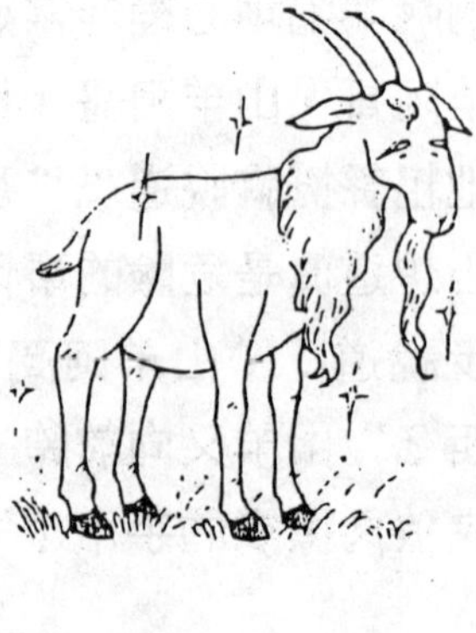

oho, beyei gubci šahūrun nei tucime, šurgeceme fonjime: "tuttu oci age i sargiya i siden de bihengge ai jaka?" seme fonjiha. niman elei jili daha arbun i julergi juwe bethe be teng seme ilibufi kaicame hendume: "ere oci niohe i yali be dabsulara dandar fulhū!" sefi, emu den jilgan i "miya!" seme surefi julesi fekuhe bici, niohe fayangga akū gelefi, yacin šayan be ilgarakū hasa amasi marifi, ergen gairakū piyar hamu aldabume feksihei feksihei, emu dersu orho i bokton de tag'alame tuhefi bucehe bihebi.

痲木了，全身出著冷汗，發抖著問道："那麼阿哥跨下中間的是什麼東西？"山羊以更加生氣的樣子，豎起兩條前腿叫喊著說："這是醃製狼肉的口袋。"隨即高喊一聲："咩！"撲向前方，狼嚇得魂飛魄散，不分青紅皂白，急忙後退，嚇得屁滾尿流拼命奔跑，跌倒在一個大草堆裡死了。

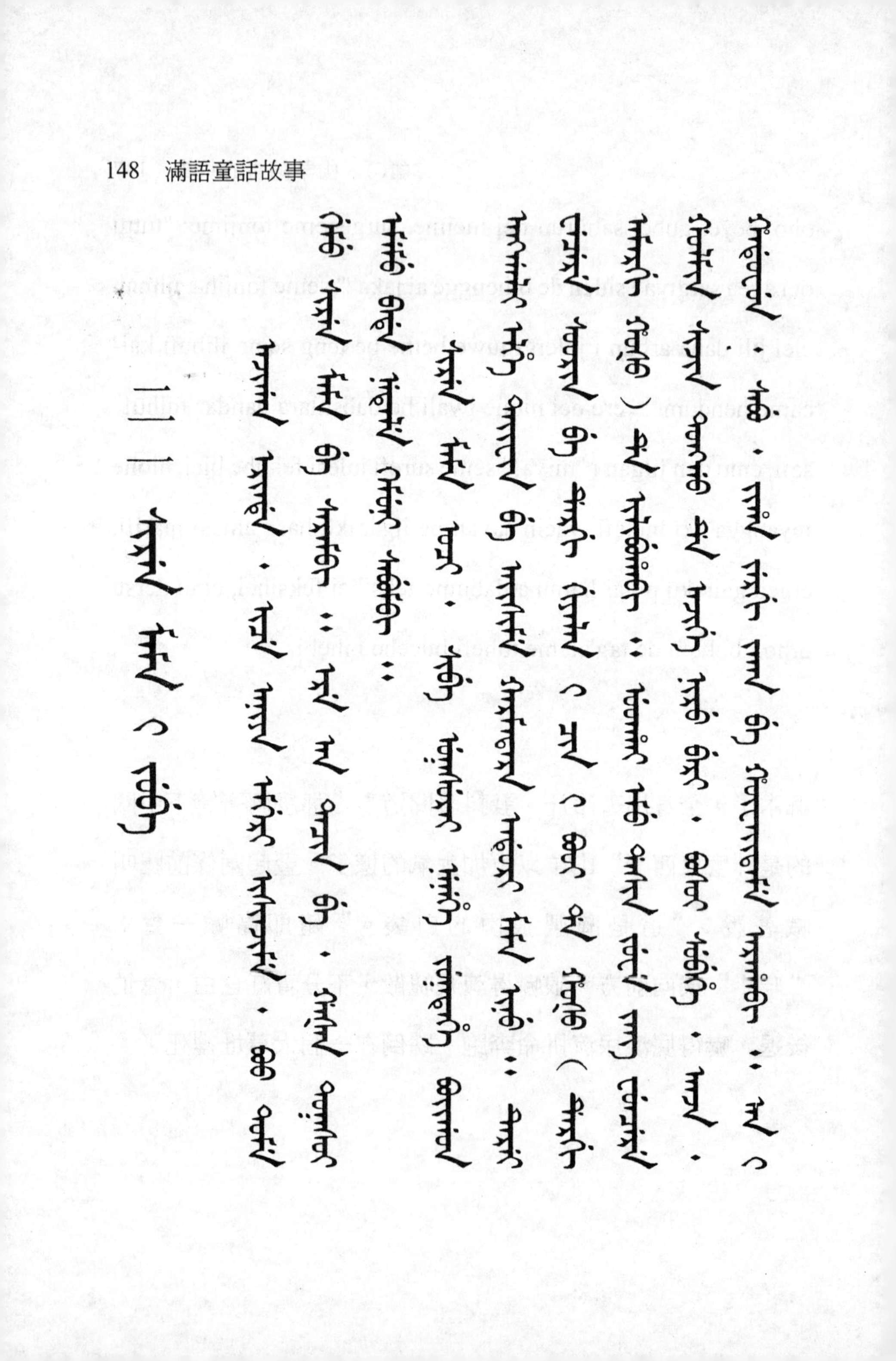

二一

二一　siren mama i jube

ajigan erinde, ice aniya emgeri isinjime, boo tome gemu "siren mama" be sarambi. ere an tacin be, gašan toksoi ememu bade netele kemuni sabumbi. "siren mama" oci, sibe uksurai nenehe juktehe "boigon anggalai elhe taifin be aisime karmatara enduri mama" inu. terei wecere soorin be dergi giyalan i cin i booi da hošo (dergi amargi hošo) de ilibuhabi. uthai emu dasin juwe jang funcere golmin sijin tonggo de ajige niru beri、bosoi subehe、anja、hadufun、sabu、jiha jergi jaka be hūwaitame arahabi. an i

二一　喜里媽媽的故事

小時候，新年一到，每家都展開「喜里媽媽」。這種習俗，在村莊有些地方至今還能看見。「喜里媽媽」是錫伯族從前祭祀的「保佑家口平安的神仙奶奶」。祂的神位設在西隔間正房的首角，即西北角，一條二丈餘長細線繫上小弓箭、布條、犁、鐮刀、鞋子、錢等物。

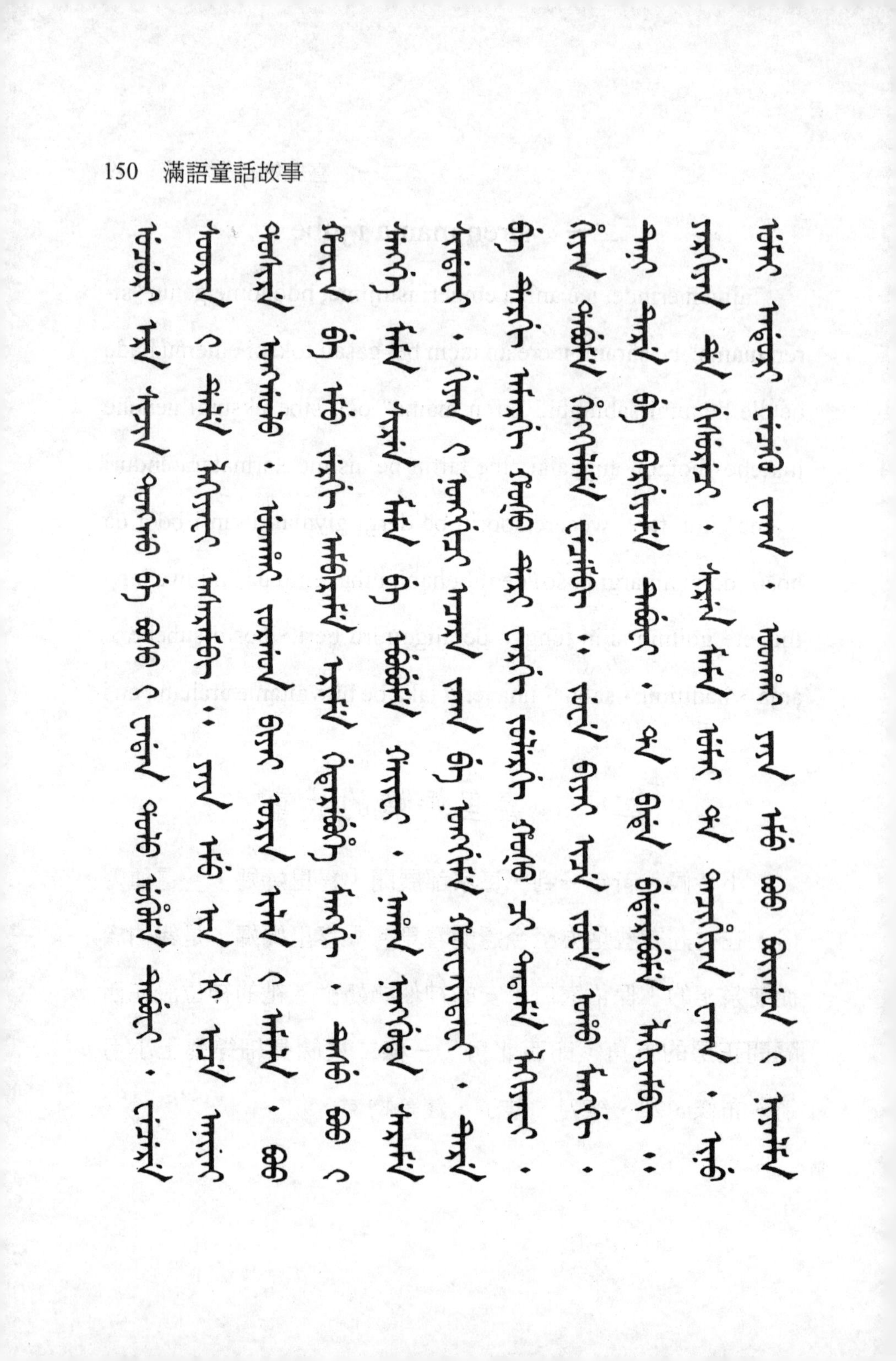

ucuri ere sijin tonggo be boso i wadan dolo uhume tebufi, wecere soorin i dele lakiyafi asarambi. yaya emu in li ice aniyai dosire onggolo, uthai jorgon biyai orin ilan i amala, boo hūwa be emu jergi ambarame erime geterebuhe manggi. tesu boo i sengge mama "siren mama" be ebubume gaifi, nahan ninggude sarame sindafi, giyan i nonggici acara jaka be nonggime hūwaitafi, tere be dergi amargi hošo deri wargi julergi hošo ci tatame lakiyafi, hiyan dabume hengkileme wecembi. juwe biyai ice juwe oho manggi, teni tere be bargiyame tebufi, da bade bederebume lakiyambi. yargiyan de gisureci, "siren mama" umai da tacihiyan waka, inu umai enduri weceku waka, uthai yaya emu boo boigon i niyalma

---

平時這條細線是捲著裝到布袋裡面，掛在神位上保存，每進入一個陰曆新年以前，就是十二月二十三日以後，房屋庭院一陣大清掃後，本家年老的奶奶把「喜里媽媽」取下來，展開放在炕上，把該繫的東西加上，把祂從西北角拉到東南角，懸掛起來，點香拜祭。到二月初二日以後，才把祂收拾裝起來，掛回原處。說實話，「喜里媽媽」並非原始宗教，也不是神祇，只是把每一個家庭

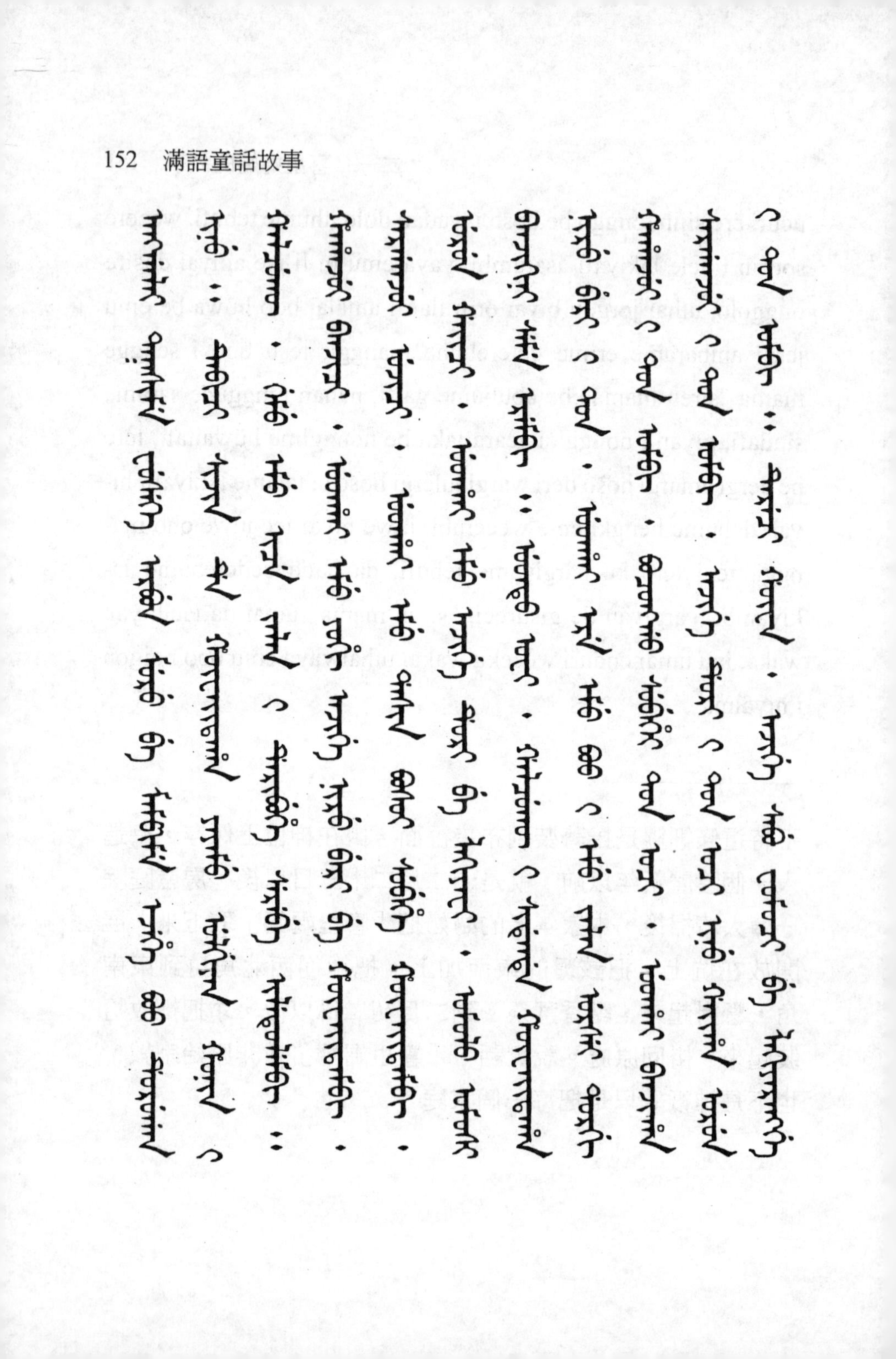

anggalai taksime fuseke arbun muru be mampime ejehe boo durugan inu. tebici sijin de hūwaitaha yayamu ulgiyan honin i galcukū, gemu emu ice jalan i deribuhe serebe iletulembi; hahajui banjici, uthai emu yohi ajige niru beri be hūwaitambi; sarganjui ujici, uthai emu dasin bosoi subehe hūwaitambi; urun gaici, uthai emu ajige duri be lakiyafi, omolo omosi banjikini seme erembi. uttu ofi, galcukū i sidende hūwaitaha niru beri i ton, uthai ere emu boo i emu jalan ursei dorgi hahajui i ton ombi; boconggo subehei ton oci, uthai banjiha sarganjui i ton ombi; ajige duri i ton oci, inu gaiha urun i ton ombi. tereci gūwa: ajige sabu fomoci be lakiyarangge

---

人口滋生繁衍情形打結記號的家譜。譬如線上繫的每一個豬羊的背式骨，都是表示一個新輩的開始：若是生男孩，就繫上一副小弓箭；生女兒時，就繫上一塊布條；娶媳婦時，就掛上一個小搖籃，希望生育子孫。因此，在背式骨之間所繫弓箭的數目，就是這家同輩人內男孩的數目；彩色布條的數目，就是所生女孩的數目；小搖籃的數目，是所娶媳婦的數目。此外；所掛小鞋、襪子

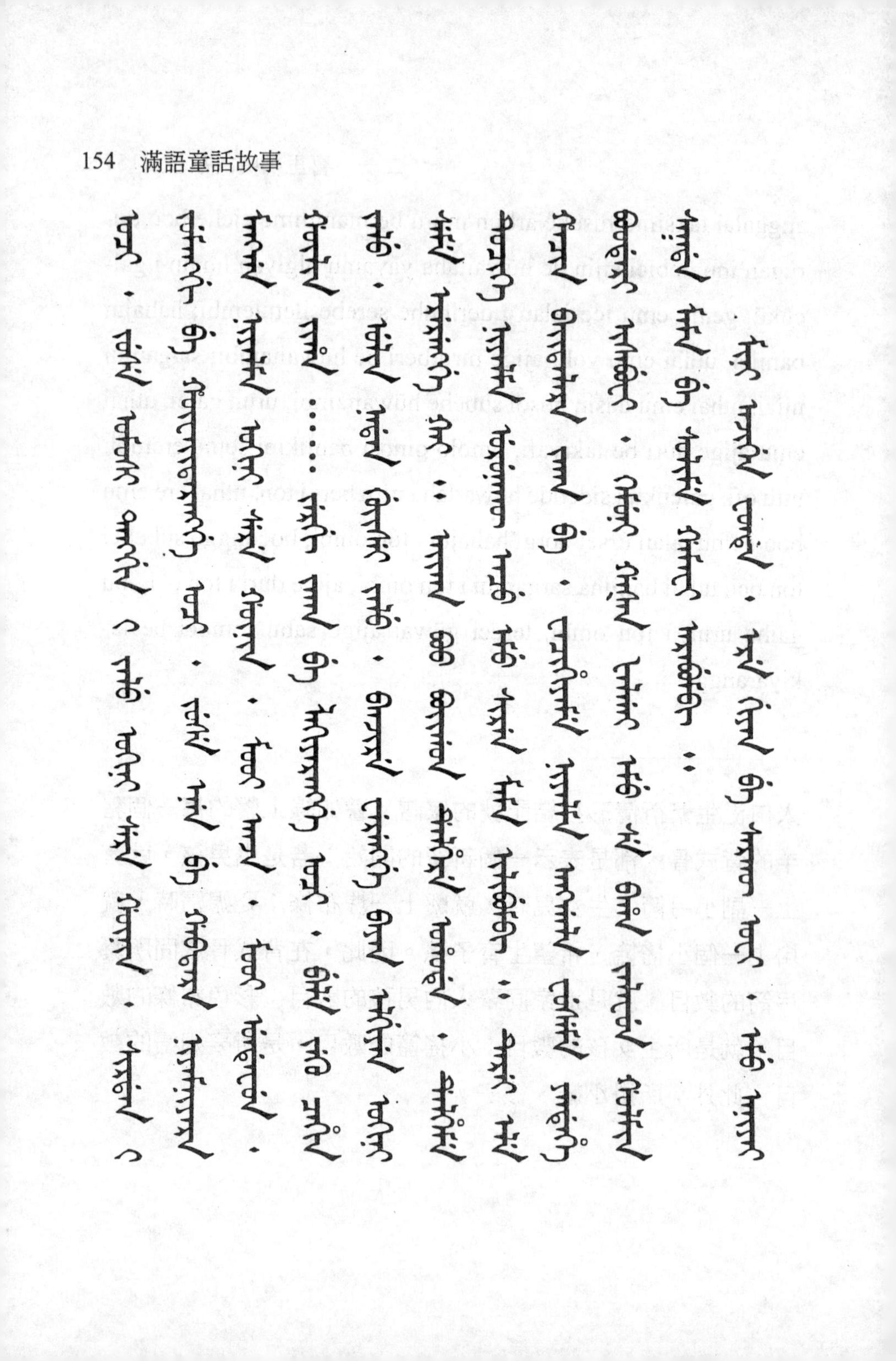

[illegible]

oci, juse omosi tanggin i jalu okini sere gūnin; sirdan i jumanggi be hūwaitarangge oci, juse enen be gabtara niyamniyara mangga niyalma okini sere gūnin; mooi anja、mooi undefun、gūlin jiha ……jergi jaka be lakiyarangge oci, bele jeku cahin jalu、ulin nadan guisei jalu、banjire werengge bayan elgiyen okini seme erenengge kai. aika boo boigon delhere ohode, delheme tucike niyalma urunakū encu emu "siren mama" ilibumbi. terei ele hacin baitalara jaka be, wacihiyame niyalma anggala fuseme yendehe booderi isabufi, kemuni gašan falgai emu se baha jalafun golmin sakda mama be solime gamafi arabumbi. mini ajigen fonde, ere giyan be sarkū ofi, emu aniyai

---

是希望子孫滿堂的意思；所繫撒袋是指望子嗣成爲擅長馬步箭的人的意思；懸木犁、木板、銅錢……等東西，是希望米穀滿倉，貨財滿櫃，生活富裕。如果要分家，分出去的人一定要另立一個「喜里媽媽」。把他所用各種物品全部齊集到人口滋興的家裡，還要請來鄉里中一位長壽的老奶奶集齊製作。我小的時候，因爲不知道這個道理，

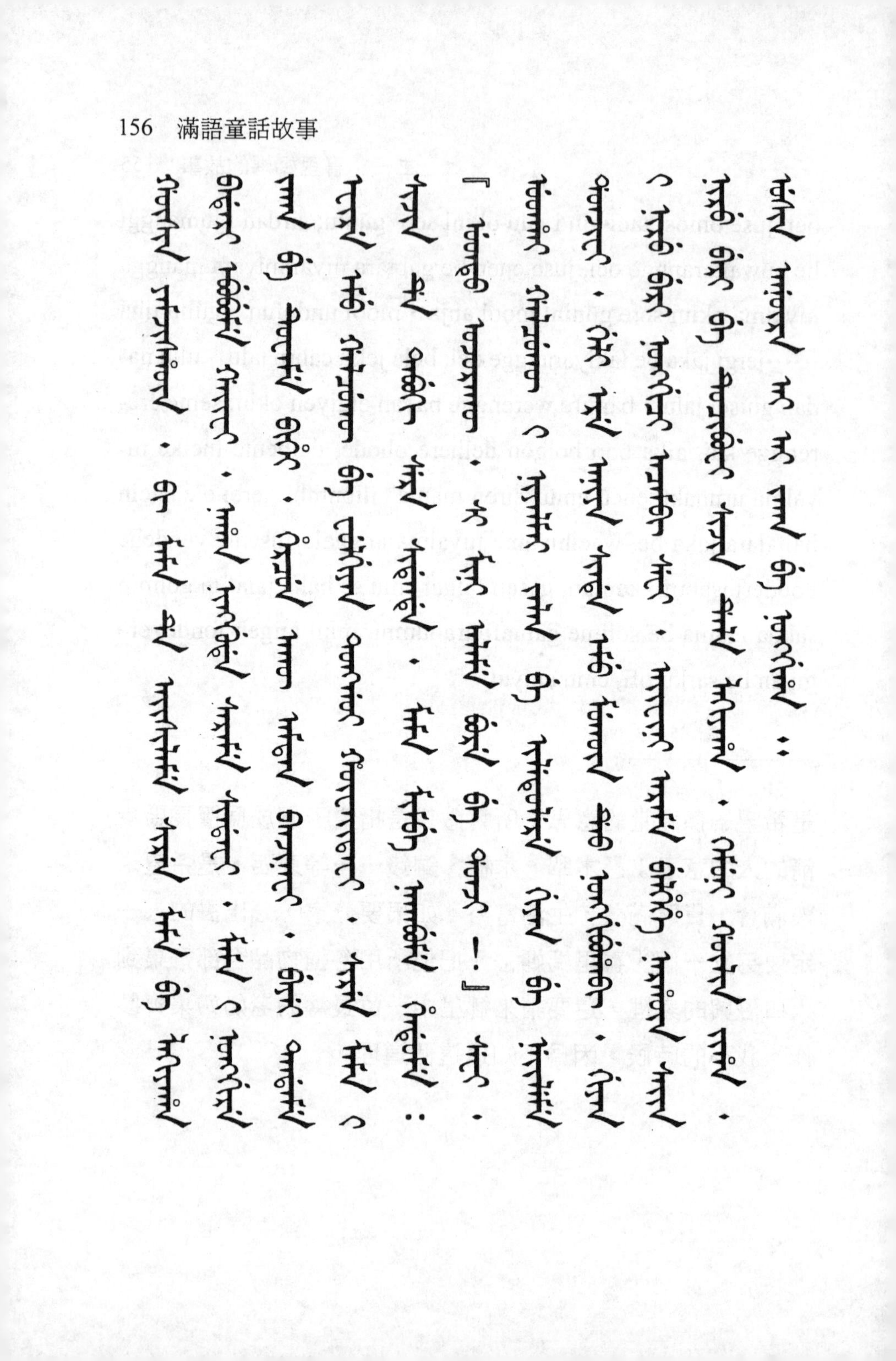

[illegible]

gūnsin yamjishūn, bi mama de aisilame "siren mama" be lakiyaha baderi ebubume gaifi, nahan ninggude sarame sindafi, mama i nonggire jaka be tuwame bihei, hercun akū amtan banjinafi, beyei tandame efire emu galcukū be fulgiyan tonggoi hūwaitafi, "siren mama" i sijin de tabuki sere sidende, mama mimbe nakabume hendume: "uttu ojorakū, si mini alame bure be donji!" sefi, uthai galcukū i niyalmai jalan be iletulere giyan be neileme donjifi, geli ere aniya sinde emu mukūn deo nonggibuhabi, giyan i niru beri nonggici acambi sefi, aifini arame belhehe narhūn sain niru beri be tucibufi sijin dele lakiyaha, kemuni gūlin jiha、usin agūra ai ai jaka be nonggiha.

在一個年三十的傍晚，我幫助奶奶把「喜里媽媽」從懸掛的地方取下來，展開放在炕上，看著奶奶要加的東西，無意中產生了興緻，把自己打著玩的一個背式骨繫了紅線，正想套在「喜里媽媽」細線上的時候，奶奶阻止我說：“不可以這樣，聽我告訴你吧！”就把背式骨表現人間的道理開導給我聽，又說今年你增加了一個族弟，應該增加弓箭，拿出早已做好的精美弓箭掛在細線上，還加上了銅錢、農具等等各種東西。

[illegible]

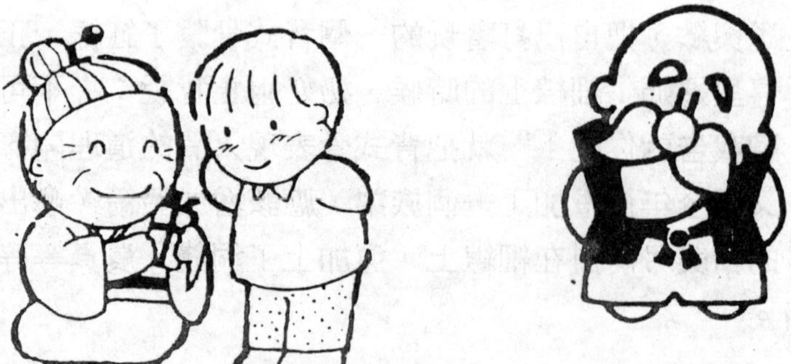

bi terei turgun giyan be saha manggi, mama de geli "siren mama" i jihe sekiyen be fujurulame fonjiha de, mama emgeri golmin sejilefi alame deribuhe: sangkan julgei fonde, niyalma hergen bithe be takarakū turgunde, inu beyei booi siren sudala be ejere arga akū bihebi. tere erinde, emu sure mergen hehe tucifi, tere dolori

---

我知道了其中的情理後，又向奶奶探尋「喜里媽媽」的來源時，奶奶長歎了一口氣後開始告訴我說：上古時候，因爲人們不認識文字，所以也無法記錄自家的宗系。那個時候，出了一位聰明的婦人，

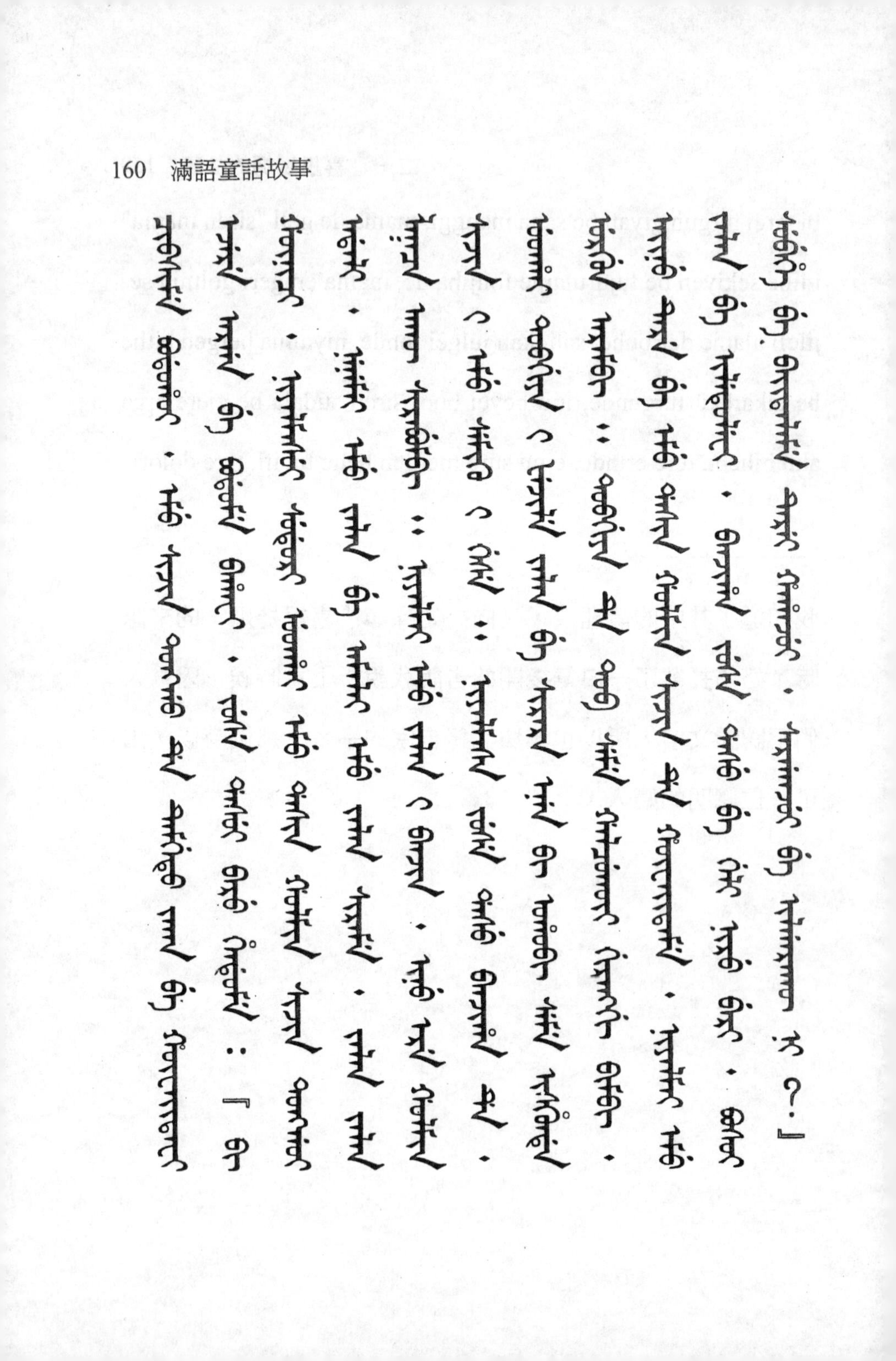

cibsime bodohoi, emu sijin tonggo de temgetu jaka be hūwaitafi ejere arga be bodome bahafi, juse dasui baru hendume: "bi gūnici, niyalmasui suduri uthai emu dasin golmin sijin tonggoi adali, nenemei emu jalan be amalai emu jalan sirame, jalan jalan lakca akū sirabumbi. niyalmai emu jalan i banjin, inu ere golmin sijin i emu semiku i gese. niyalmasa juse dasu banjiha de, uthai tobgiya i fejile jalan be sirara enen bi ohobi seme ishunde urgun arambi. tobgiya de tob seme galcukūi giranggi bimbi, ainu tere be emu dasin golmin sijin de hūwaitame, niyalmai emu jalan be iletulefi, banjiha juse dasu be geli niru beri、bosoi subehe be baitalame terei hahajui、sarganjui be ilgarakū ni?

她在心裡深思，想到了在一條細線上繫上有記號的東西，於是對子女說道：“我想，人類歷史就像一根細線一樣，後一代承襲前一代，世世代代延續不斷，人一輩子的生活也就像這長線的一個絏頭。人們生育子女時，就是因爲膝下有接續的子嗣而互相祝賀。膝蓋上正好有背式骨，爲什麼不把它繫在一根長線上表示人的一代，所生的子女又用弓箭、布條來區分男孩女孩呢？”

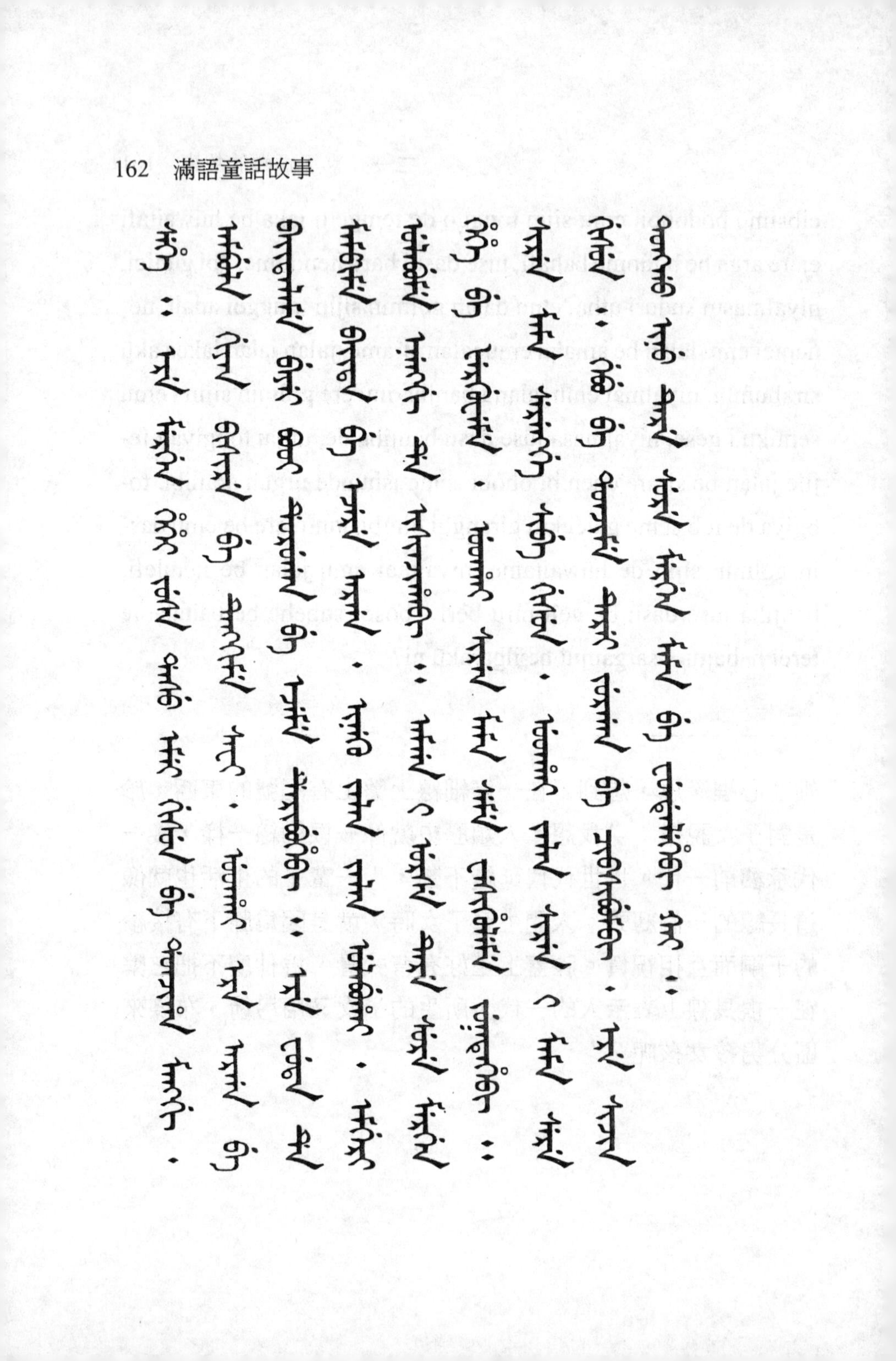

sehe. ere mergen hehei juse dasu emei gisun be donjiha manggi, ambula giyan bisire be tengkime safi, uthai ere arga be baitalame beyei booi durugan be ejeme deribuhebi. ere futa de mampime baita be ejere arga, ineku jalan jalan ulabuhai, emgeri ulabume enenggi de isinjihabi. amga i urse tere sure mergen hehe be ferguweme, uthai siren mama seme wesihuleme juktehebi. siren mama serengge sibe gisun, uthai "jalan siren i mama" sere gisun. gebu be donjime terei jurgan be cibsibumbi, ere sijin tonggo inu tere sure mergen mama be fundelehebi kai.

這個聰明婦人的子女聽了母親的話後，深知大有道理，就用這個辦法開始記錄自己家的家譜，這種在繩上打結記錄事情的辦法，還世世代代流傳，已經流傳到今天。後人頌揚那位聰明的婦人，就尊她爲「喜里媽媽」而加以祭祀。「喜里媽媽」就是錫伯語“世代緜延的世系奶奶”。聽到名字探究其宗旨，這根細線也就是那位聰明奶奶的代名詞啊！

二三一 [illegible]

[illegible]

[illegible]

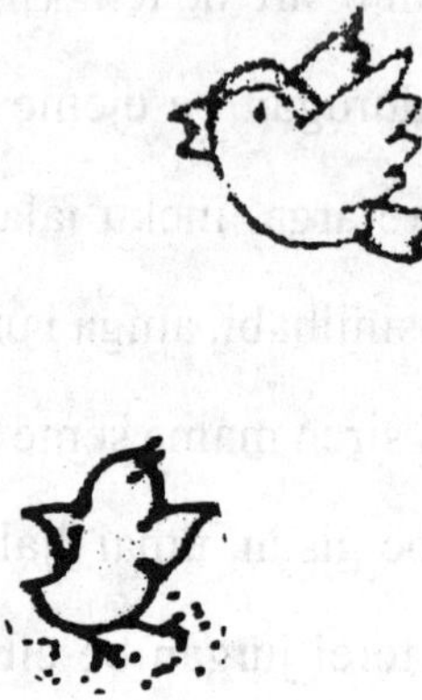

[illegible]

[illegible]

[illegible]

二二　ajige giyahūn jai ajige coko

giyahūn asha be sarafi den untuhun de horgime deyeme, absi tuttu etuhun, erke sabubumbi. coko damu nai dele cokime fetereme, genggedeme、lasihibume tasihibume yabure de wajihabi. tuttu bicibe dulekede, tese elekei umai seme juwe hacin

二二　小鷹和小雞

鷹展翅在高空盤旋翱翔，看起來多麼的高強。雞只在地上挖掘啄食，搖搖晃晃地走路而已。但是，原來牠們幾乎並沒有什麼兩樣：

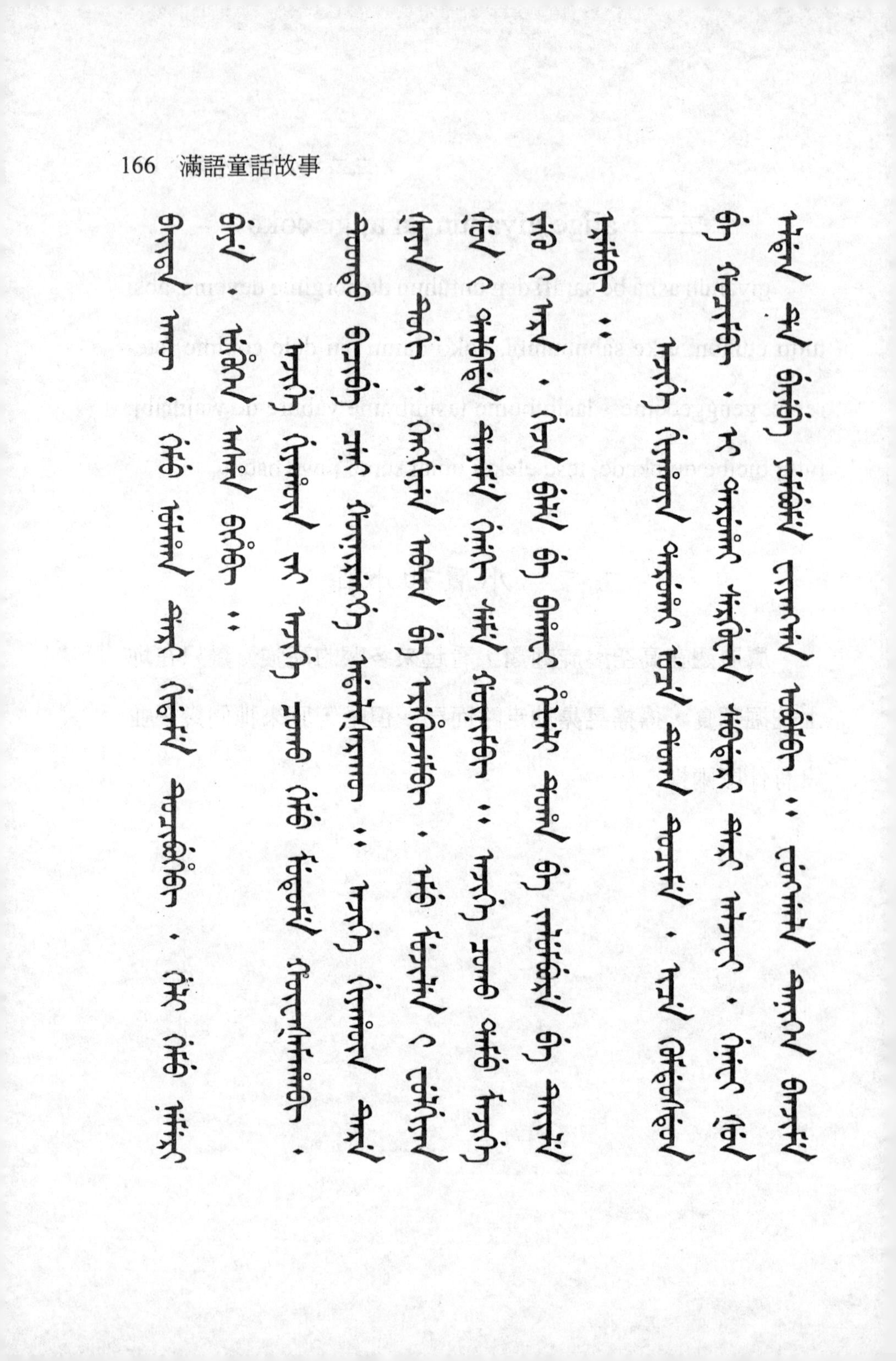

[illegible]

[illegible]

[illegible]

[illegible]

[illegible]

[illegible]

[illegible]

[illegible]

[illegible]

[illegible]

[illegible]

baita akū: gemu umhan deri gidame tucibuhebi, geli gemu nemeri beye, uhuken asha bihebi. ajige giyahūn jai ajige coko gemu mutume hūwašamahabi, tuttu bicibe ceni gūnirengge adališarakū. ajige giyahūn tere šayan tugi genggiyen abka be erehunjembi, emu mujilen i fulgiyan šun i dalbade deyeme geneki seme gūnimbi; ajige coko damu majige jeku i ara、gija bele be bahafi hefeli duha be jalumbure be teile erembi. ajige giyahūn daruhai uce duka tucime, ice kumdusdun be gocimbi, i daruhai serguwen sebderi deri aljafi, genefi šun elden de beyebe yumbume fiyangga obumbi. funggala teniken banjime

---

都由蛋孵出來，也都有嫩嫩的身體，輕柔的翅膀。小鷹和小雞都正在長大，但是，牠們的想法並不一樣。小鷹盼望的是那藍天白雲，一心想的是飛到紅紅的太陽旁邊；小雞只希望得到一些穀糠、碎米填飽腸肚而已。小鷹常常出門呼吸新鮮的空氣，牠常常離開陰涼的地方到陽光下沐浴，使身上變得鮮艷，

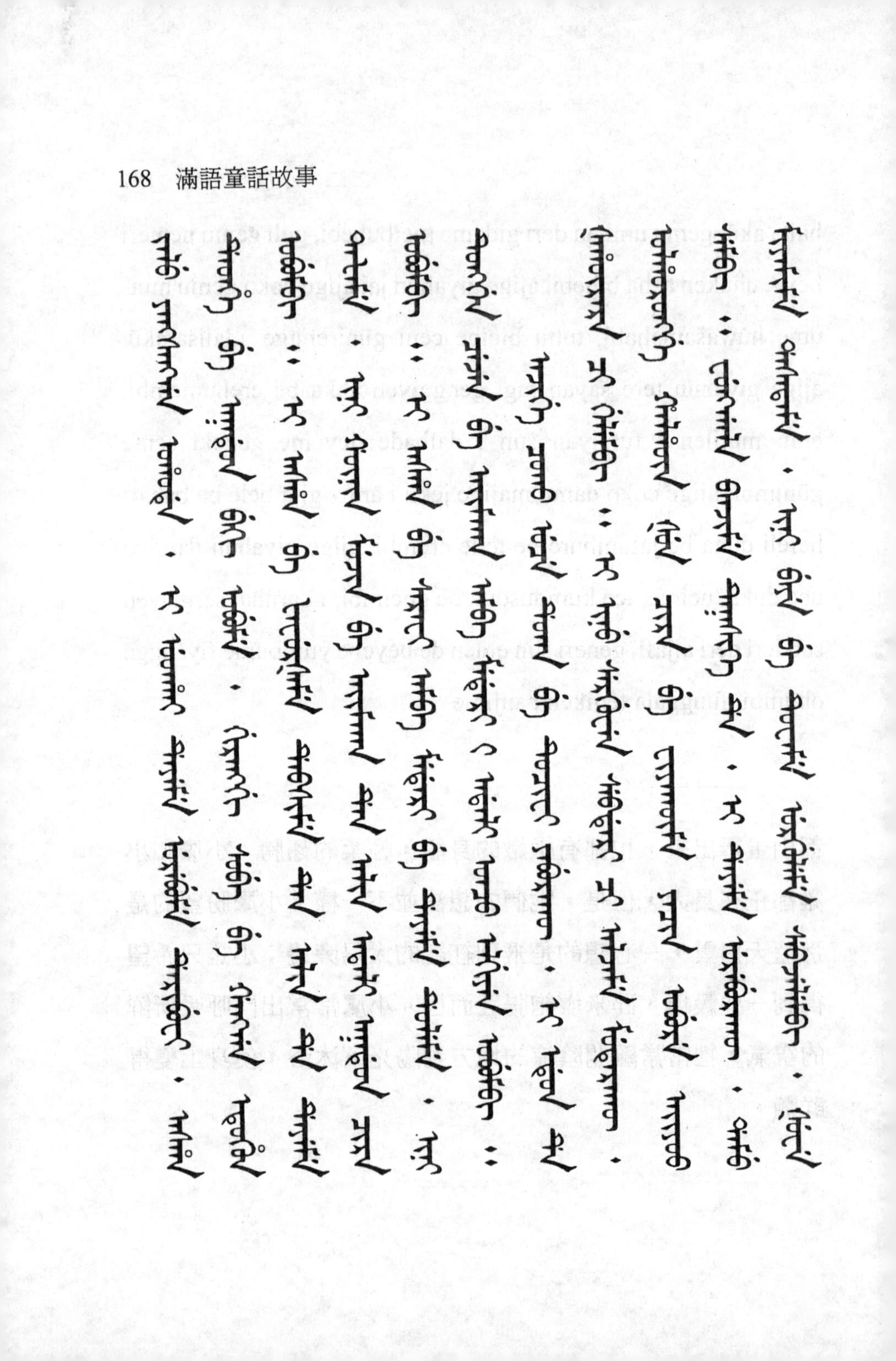

jalu yangsangga ohode, i uthai deyeme urebume deribufi, asha dethe be akdun beki obume, giranggi sube be gangga etuhun obumbi. i asha be fafuršame debsime den alin de deyeme tafame, ini gūnin mujin be aimaka den alin adali akdun cira obumbi; i asha be sarafi amba mederi be deyeme duleme, ini tunggen cejen be aimaka amba mederi i adali onco elgiyen obumbi. ajige coko uce duka be tucifi yaburakū, i edun de šahūrara ci gelembi; i inu serguwen sebderi ci aljame muterakū, olhorongge halhūn šun cira be fiyakūme yacin obure aiyoo sembi. funggala banjime teksike de, i deyeme ureburakū; damu miyamime dasatame, ini beye be tuwame urguleme sebjelembi; šuwe

---

羽毛剛剛長得豐滿美麗的時候，牠就開始練習飛翔，使翅膀變得堅固，筋骨剛強，牠振翅翺翔，飛上高山，把牠的意志變得像高山一樣堅強；牠展翅飛過大海，把牠的胸膛變得像大海一樣寬廣。小雞從不出門行走，牠怕風吹著涼，牠也不能離開陰涼，唯恐熱烘烘的太陽把臉曬黑。羽毛長齊後，牠不練習飛翔；只是梳妝打扮，孤芳自賞，

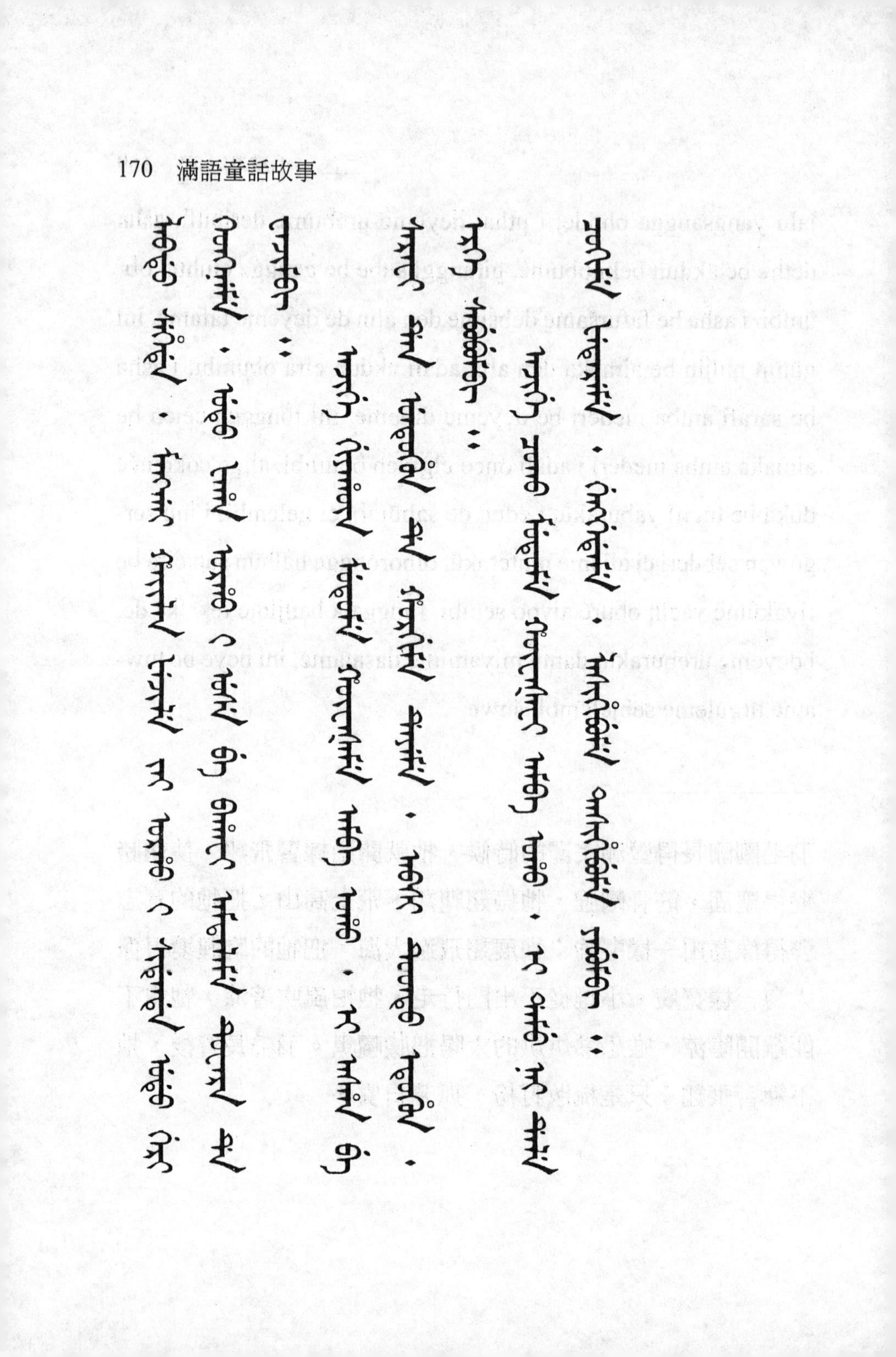

[illegible]

labdu sehede, manggai hailan fejile jai orho i sidende udu geri ketkeneme, udu faha orho i use be bahafi amtalame tuwara de wajimbi. ajige giyahūn mutume hūwašame amba oho, i asha be sarafi den untuhun de horgime deyeme, absi tuttu etuhun, erke sabubumbi. ajige coko mutume hūwašafi amba oho, i damu nai dele cokime fetereme, genggedeme, lasihibume tasihibume yabumbi.

最多也不過在樹下和草叢中跳躍幾次，得到幾粒草籽嚐嚐看而已。小鷹長大後，在高空展翅盤旋翱翔，看起來多麼的高強。小雞長大後，牠只在地上挖掘啄食，搖搖晃晃地走路。

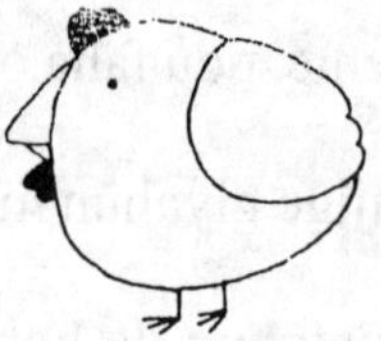

二三

二三　ajige amila coko genggiyen abka de deyeme tafaka

gulhun inenggi ajige gucusai emgi be durinume jeme、muke durinume omire de, ajige amila coko yaya hacin amtan banjinarkū i inenggi be dulembumbi. i elei yabume elei niyalma de ujibure banjin be eimeme bandambi. coko eme udu daruhai imbe dahalabume tucifi umiyaha dogo jafame jeme, efin efime,

二三　小公雞飛上青天

整天和小朋友們互相搶食物吃，搶水喝，小公雞百般無聊懶散地打發著日子。牠對被人豢養的生活越來越厭倦，雞媽媽雖然常常帶牠出去捕捉蟲豸吃，玩遊戲，

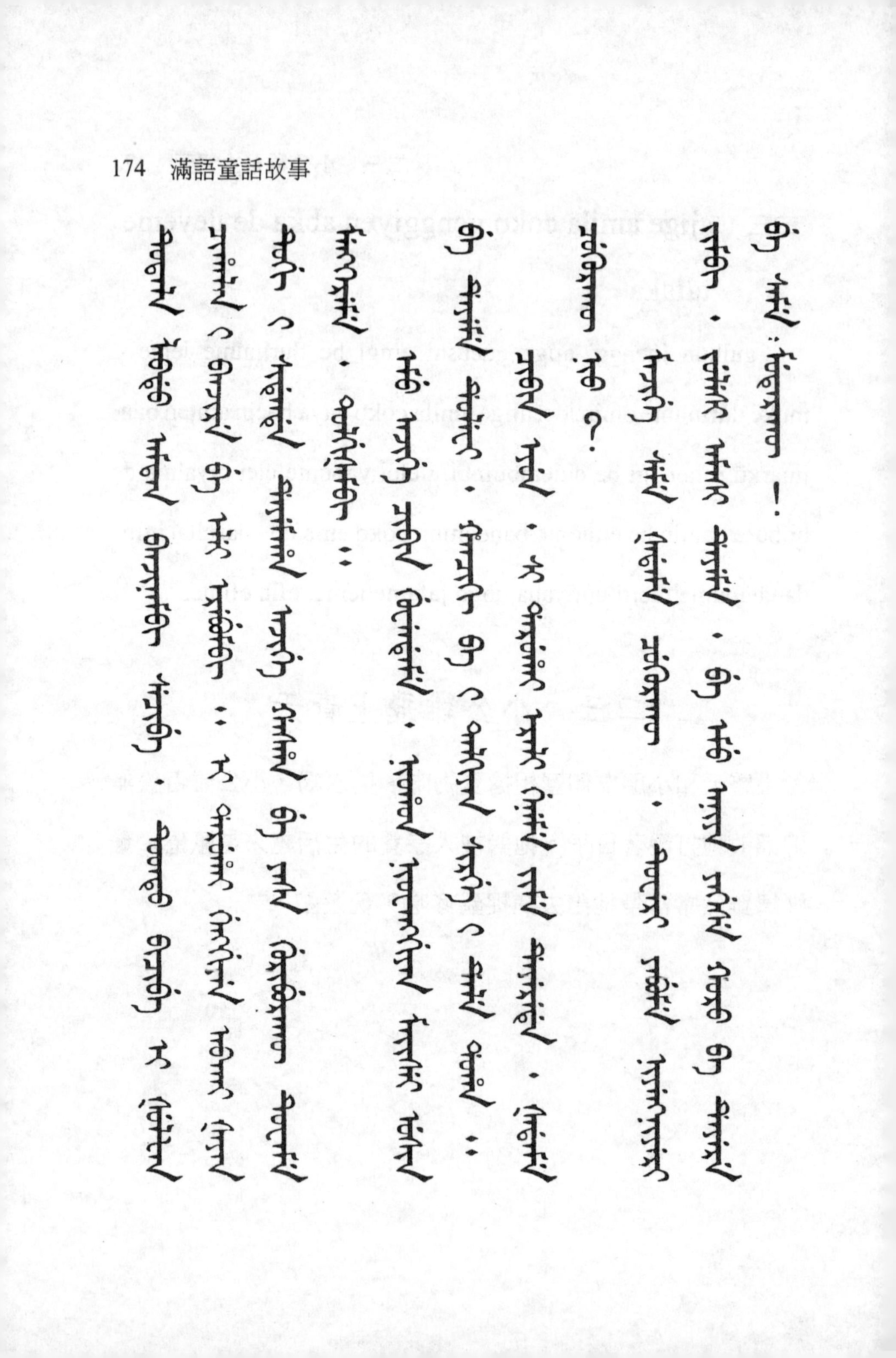

[illegible]

tutala labdu amtan banjinambi secibe, tuttu bicibe i šulfan cihalan i banjire be elei erebumbi. i daruhai genggiyen abkai šayan tugi i sidende deyemaha ajige gasha be yasa guriburakū tuwame mengkereme tolgišambi. emu ajige cibin guwendeme, niohon niowanggiyan maisei usin be deyeme dulefi, hanciki ba i talkiyan sirge i dele doha. "cibin eyun, si daruhai erali geneme jime deyerede, šadame cukurakū nio?" "majige seme šadame cukurakū, tuweri yabume niyengniyeri jimbi, julesi amasi deyeme, be emu aniya yagese goro ba deyere be same muterakū!"

希望增加些興趣，然而牠更希望自由的生活，牠常常做夢也目不轉睛地望著藍天白雲間正在飛翔的小鳥。一隻小燕子叫著，飛過了綠油油的麥田，停在近處的電線上。“燕姊姊，你常常這樣飛來飛去，不累嗎？”“一點都不累，冬去春來，南來北往，我們一年中不知飛了多遠？”

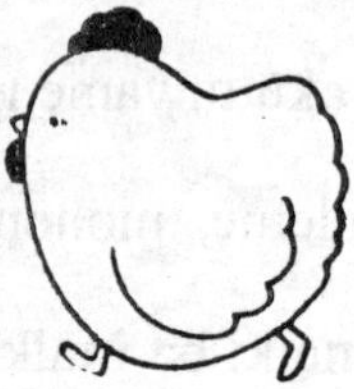

[illegible]

[illegible] ? [illegible]

ᠸᡝ ?

[illegible]

[illegible]

[illegible]

[illegible]

[illegible]

[illegible]

[illegible]

[illegible] ……

"si labdu bade geneme dulekenggeo? tuba efire de sain nio?" yayamu aniyai niyengniyeri bolori, be gemu geren bade geneme sargašame efimbi, gebungge alin bira, saikan yebcungge arbun be, sargašame akūnarakū, tuwame elerakū, gisureme wajirakū. ambula giru saikan san men siya yebcungge arbun, niruhe nirugan i adali saikan guilin i alin muke, den cokcohon tugi be fondolome tucime iliha hūwa šan alin i cokcihiyan hada, bolgo genggiyen boljon elden eldešemaha si dz hū tenggin i ekcin……

“你去過很多地方嗎？那裡好玩嗎？”“每年的春天和秋天，我們都到各處去遊玩，有名的山河，美麗的風景，沒有不去遊玩的，看不完，也說不盡。壯麗的三門峽風景，像圖畫一樣，秀麗的桂林山水，高聳入雲端矗立著的華山陡峭山峰，清波粼粼的西子湖畔……

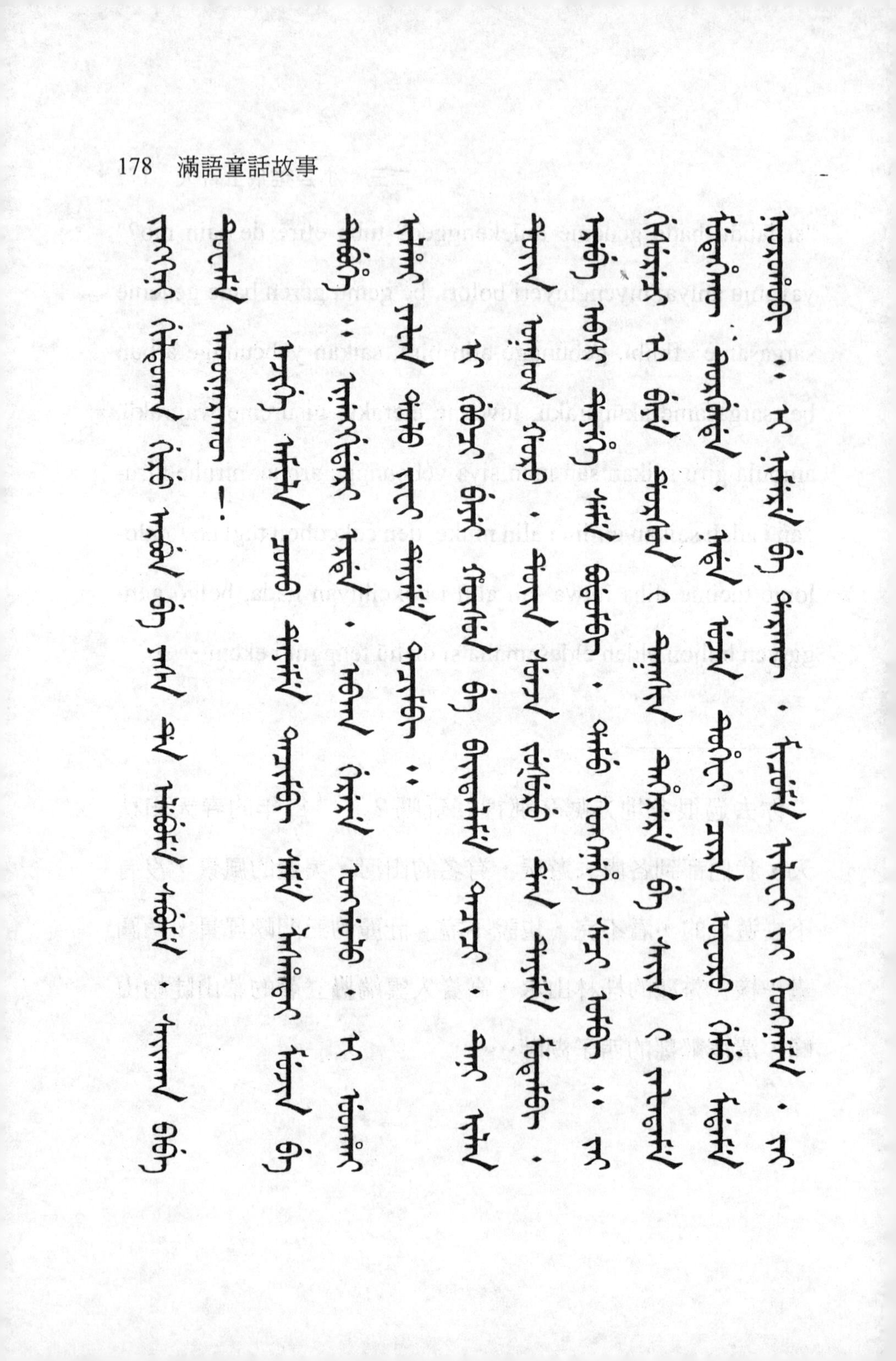

[illegible]

jingkini giltukan giru arbun be yasa de elebume sabume, saikan babe tuwame akūnarakū!" ajige amila coko deyeme tacimbi seme lashatai mujin be tebuhe. inenggidari erde, abka gerere onggolo, i uthai ilhai yafan dolo jifi deyeme tacimbi. i gubci beyei hūsun be baitalame tacici, teni ilan duin okson goro, duin sunja jušuru den deyeme mutembi, erebe absi deyehe seme bodombi, damu ketkenehe seci ombi. jai gisureci i beye dursun i teksin teherere be sain i jafatame mutehekū turgunde, nade ujen tuhefi cira oforo gemu madame niorohobi. i nimere be darakū, micume ilifi jai ketkeneme, jai

---

眞正將秀麗的風光，盡收眼底，一飽眼福，壯麗的景色，一覽無遺。”小公雞抱定決心要學習飛翔，每天清晨天亮以前牠就來到花園裡學習飛翔，牠使出全身力氣，才能飛三、四步遠四、五尺高，這怎麼能算是飛，只能說是跳。再說牠因爲沒能很好的掌握身體的平衡，因而重重地跌落到地上，摔得鼻青臉腫。牠不管疼痛，爬起來再跳，

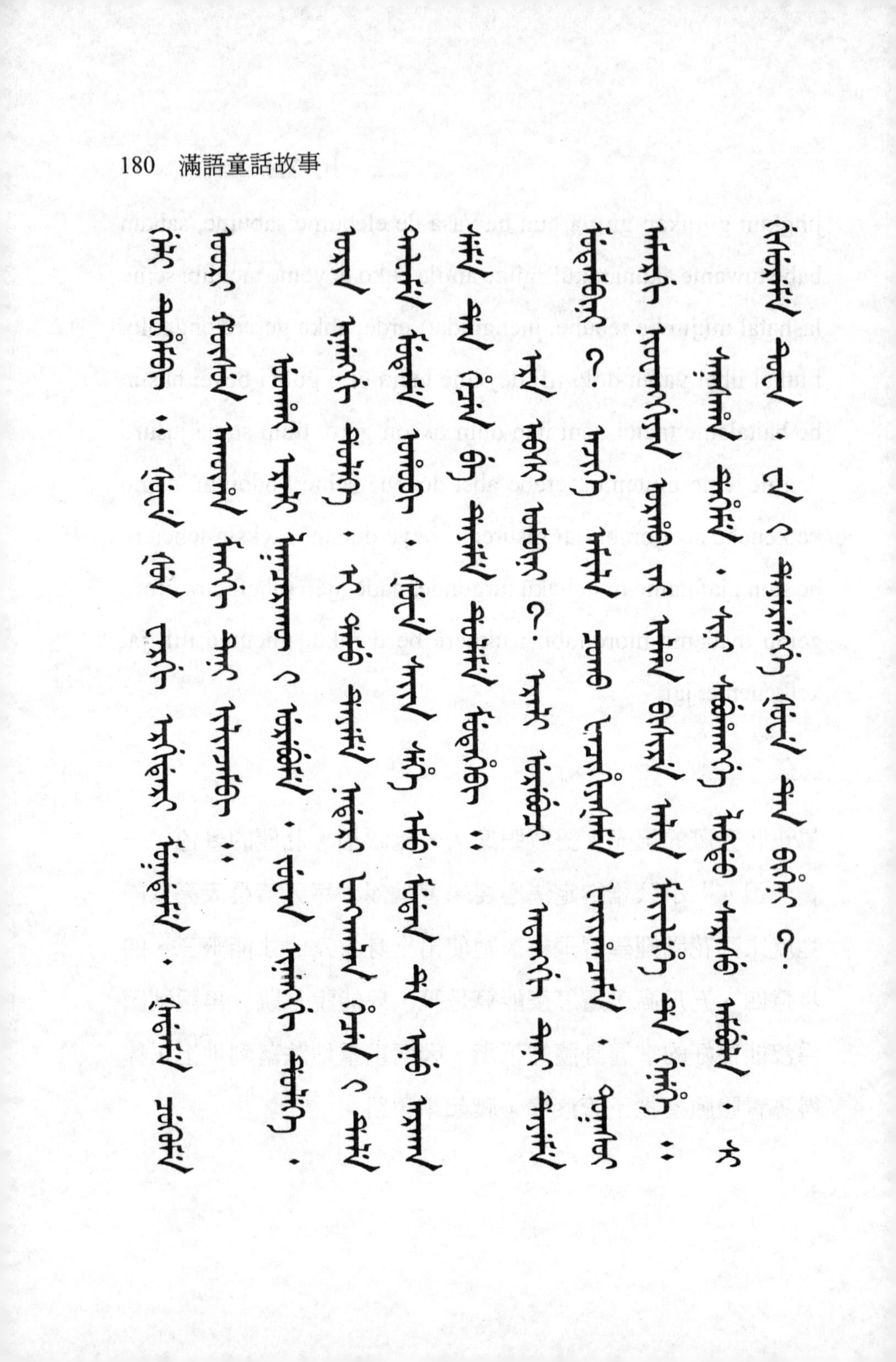

geli tuhembi. šuwe šun wargi ergideri mukdeme, šadame cukume oori hūsun akūha manggi teni ilinjambi. uthai erali lakcarakū i urebume, juwan inenggi duleke, orin inenggi duleke, i damu deyeme naderi fangkalan hecen i dele tafame muteme ohobi, šuwe sain sehe emu mudan de inu arkan seme den hecen be deyeme duleme mutehebi. ere absi ombini? erali urebuci, atanggi teni deyeme mutembini? ajige amila coko facihiyašame faihacame, toksoi amargi niowanggiyan orho jai ilha bisire alin meifehe de genehe. "saksaha deheme, sini sabuhangge labdu sarasu ambula, si gisureme tuwa, we i deyerengge šuwe den biheni?"

又再跌倒，直到太陽從東邊昇起來，累得精疲力盡後才停下來。就這樣不斷的練習，過了十天，過了二十天，牠只能從地面飛上矮墻上面，就是最好的一次也才好不容易飛過了高墻。這怎麼行呢？這樣練習的話，什麼時候才能飛呢？小公雞很焦急，往村北長有綠草和花的山坡去。“喜鵲阿姨，你的閱歷很多，知識很豐富，你說說看，誰飛的最高呢？”

ᠮᡳᠨᡳ ᠪᡝᠶᡝ · ᠮᡳᠨᡳ ᡳ ᠪᡝᠶᡝᡵᡳᠩᡤᡝ ᠮᡳᠨᡳ ᠪᡝᠶᡝ ::

ᠮᡳᠨᡳ ᠪᡝ ᠪᡝᠶᡝᡵᡳᠩᡤᡝ ᠠᡴᡡᠨᠠᡥᠠᡴᡡ ᡝᡵᡝ ᠪᡝᠶᡝ ?

ᠠᠴᠠᠮᡝ ᠰᡝᠮᡝ …… ᡳᠯᡳᠮᡝ · ᡝᡵᡝ ᠪᡝ ᠰᠠᡵᡴᡡ ·

ᠰᡠᠸᡝ ᠮᡳᠨᡳ ᠠᠴᠠᡥᠠᠩᡤᡝ ᠮᡳᠨᡳ ᠪᡝ ᠰᠠᡵᡴᡡ ᡩᡝ ᠠᡴᡡᠨᠠᡥᠠᡴᡡ ᡝᡵᡝ

ᡥᡡᠰᡠ !

ᡨᡝᠨᡳ :: ᡳ ᠠᡴᡡᠨᠠᡥᠠᡴᡡ ᡝᡵᡝ ? ᠰᡠᠸᡝ ᠪᡝᡳᡴᡝ · ᡝᡵᡝ ᡤᡝᠮᡠ ᠵᡝᠮᡝ

ᡨᡠᡵᡤᡠ :: ᡨᡝᡵᡝ ᡨᡝᡵᡝ ᠪᡝᠶᡝ · ᡝᡵᡝ ᡨᡝᡵᡝ

ᡤᡳᠩᡤᡠᠯᡝᠮᡝ · ᡝᡵᡝ ᠮᡳᠨᡳ ᠠᠴᠠᠮᡝ ᡳᠯᡳᡥᠠᡴᡡ

ᠠᠮᠠᠰᡳ ᠪᡝ ᡤᡡᠨᡳᠮᡝ ᠰᡝᠮᡝ ᡳ ᠵᡝᠮᡝ

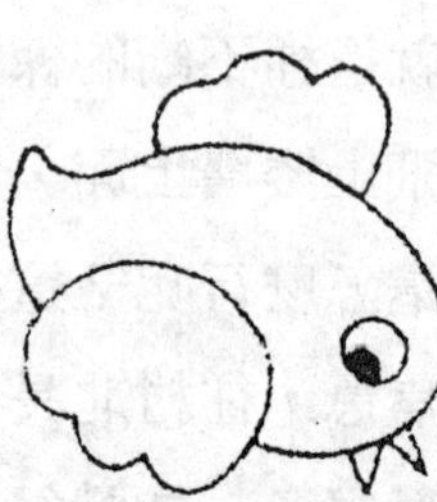

"esi dere, giyahūn i deyerengge šuwe den." "giyahūn den deyerede ferguwecuke arga bihenio?" "ferguwecuke arga……mujangga, gisurere be donjihade, sakda giyahūn ajige giyahūn be taciburede emu ferguwecuke arga bihebi!" "ai ferguwecuke arga? saksaha deheme, hūdun minde alaki." "ume ekšere, ajige amila coko." seme saksaha sirabufi gisureme, "sakda giyahūn ajige giyahūn be dahabume hada i foron

---

“當然，鷹飛的最高。”“鷹能高飛有訣竅嗎？”“訣竅……是的，據說老鷹教小鷹時有一個訣竅。”“什麼訣竅？喜鵲阿姨，快告訴我吧！”“不要急，小公雞。”喜鵲接著說：“老鷹把小鷹帶到山頂上後，

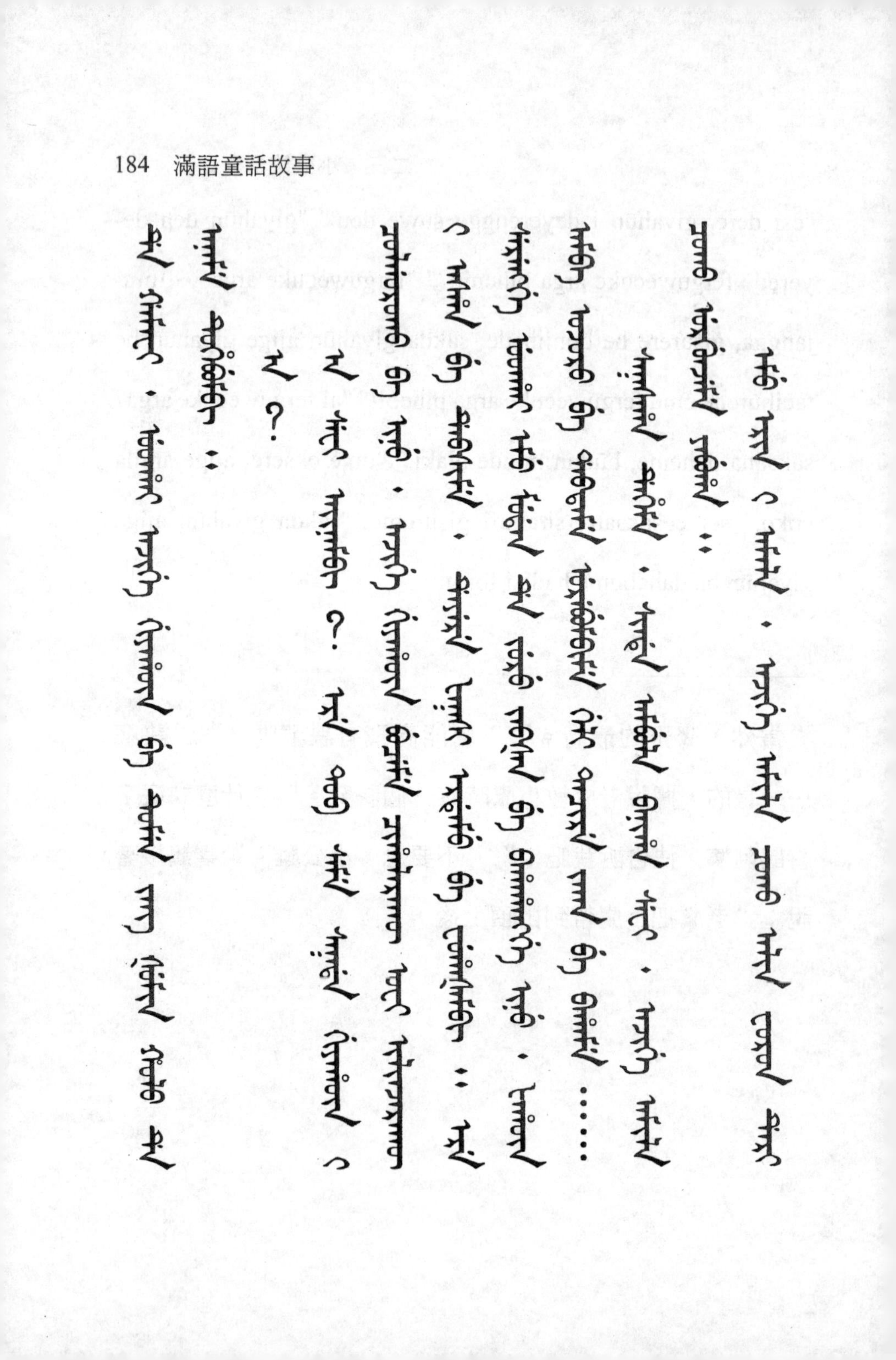

de gamafi, uthai ajige giyahūn be tumen jang šumin holo de anamé tuhebumbi." "a?" "a sefi ainambi? ere tob seme sakda giyahūn i colgoroko ba inu, ajige giyahūn buceme cihalarakū ofi ilinjarakū i asha be debsime, deyere faksi erdemu be fuhašambi. ere serengge uthai emu mudan de juru jabšan be bahahangge inu, fahūn amba ojoro be dabtame urebumbime geli tacire jaka be bahame ……" saksaha deheme, sinde ambula baniha." sefi, ajige amila coko urgunjeme yabuha. emu erin i amala, ajige amila coko alin foron deri

---

就把小鷹推下萬丈深谷。“啊？”“啊什麼？這正是老鷹特別的地方，小鷹不想死，所以不停地振動翅膀，鑽研飛翔的技巧。這就是一舉兩得，既可訓練膽量，又能學到東西……”“喜鵲阿姨，多謝您。”小公雞高興地走了。一個時辰後，小公雞從山頂

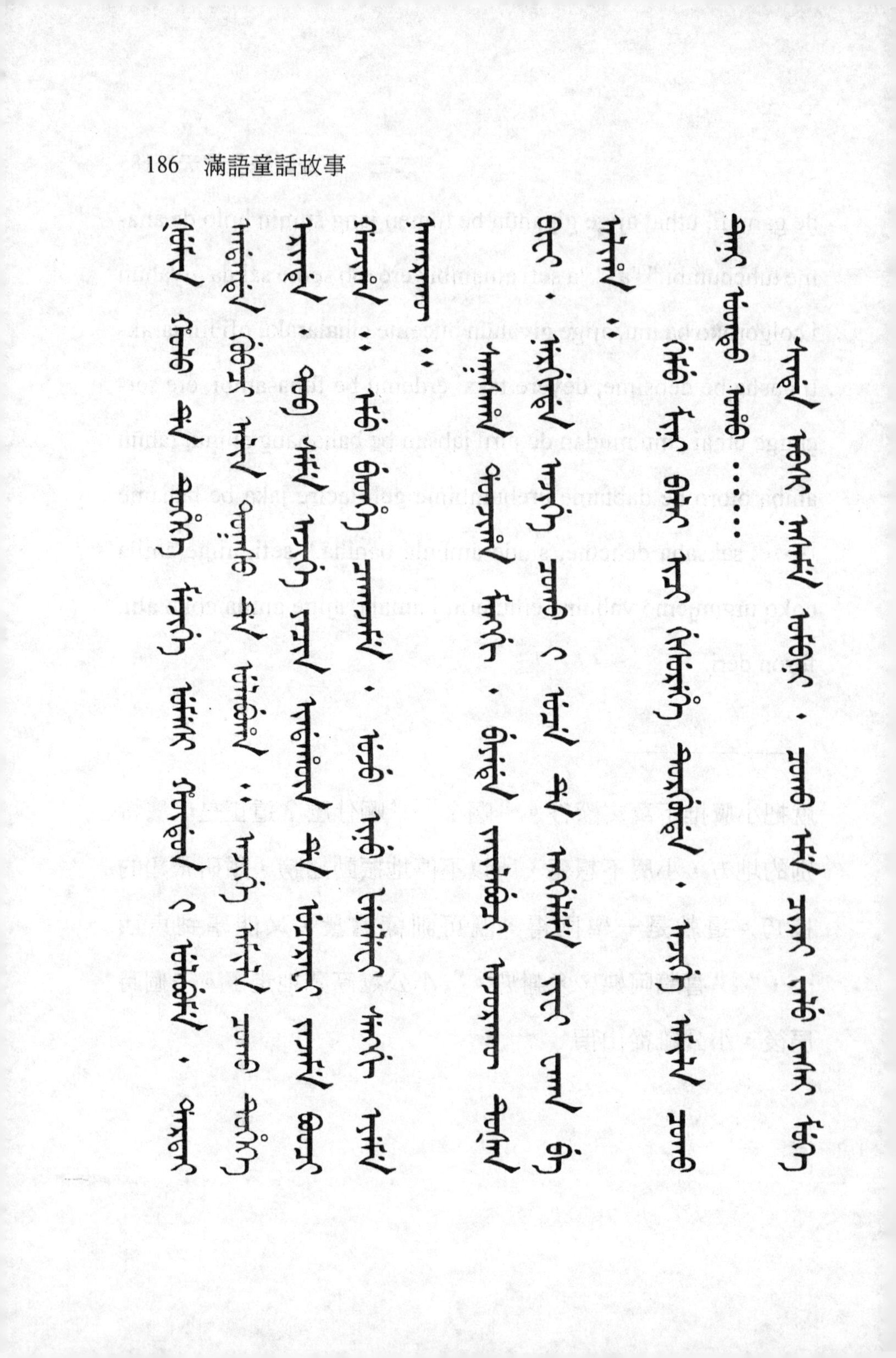

šumin holo de tuheke mejige umesi hūdun i ulabume, dartai andande gubci alin tokso de ulabuha. ajige amila coko tuheke erinde, tob seme ajige yacin indahūn de ucarafi jajame booci gajiha. emu bethe cakajame, uju inu feyelefi senggi eyeme nakarakū. saksaha donjiha manggi, beyede jailabuci ojorakū tušan bifi, nerginde ajige coko i uce de enggeleme jifi waka be aliha. "gemu mini balai ici gisurehe turgunde, ajige amila coko teni uttu oho……" " sinde absi nasame ombini," coko eme cirai jalu yasai muke

---

掉落深谷的消息很快的傳開來，一會兒功夫傳遍了山村。小公雞掉落時，正好遇到小黑狗，把牠背回了家。一條腿斷了，頭也受傷血流不止。喜鵲聽到後，因爲自己有不可推卸的責任，立刻到小雞家登門道歉。“都是因爲我亂說，小公雞才會這樣……”“你有什麼好後悔的呢？”雞媽媽淚流滿面地

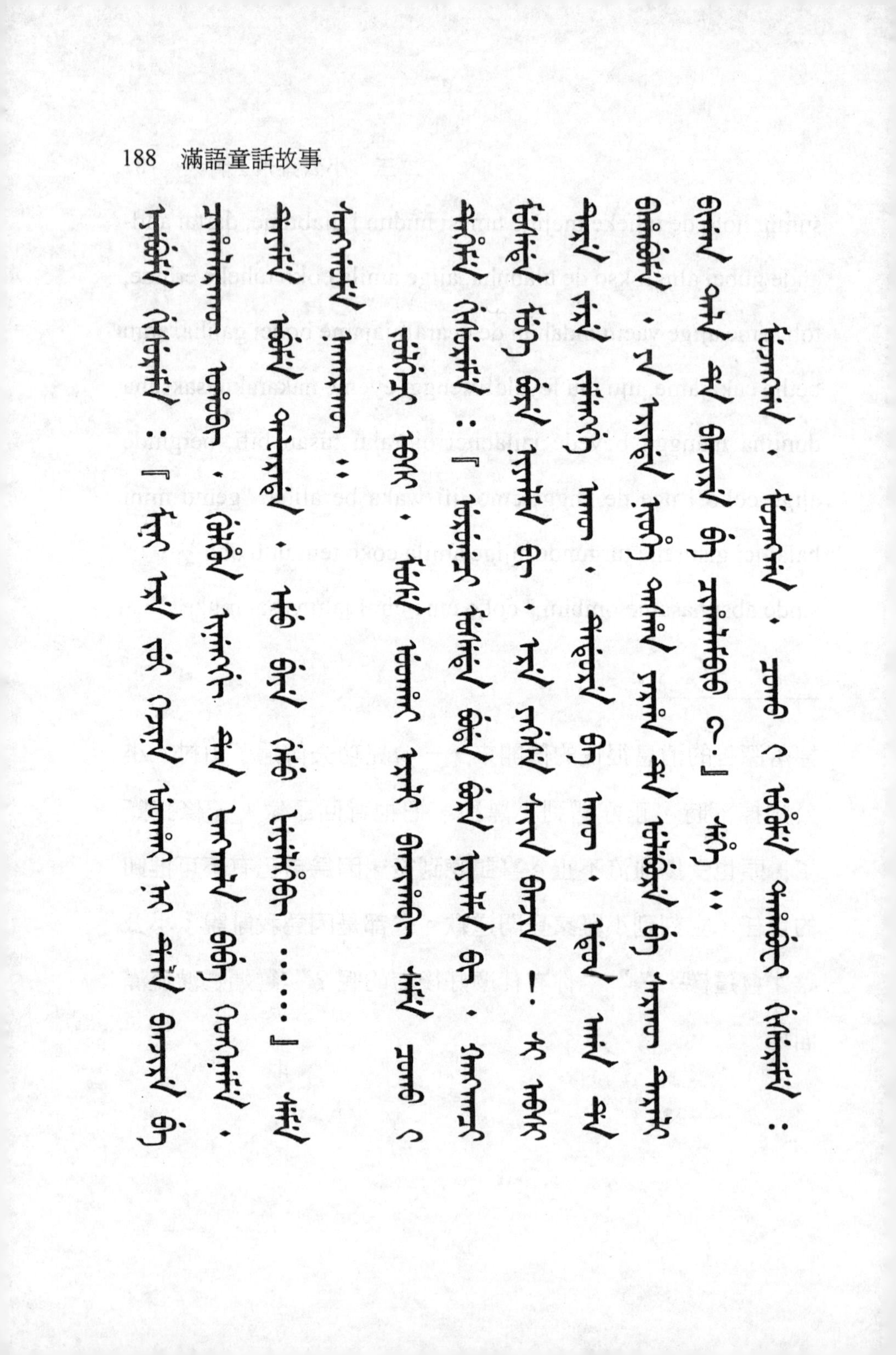

[illegible]

eyebume gisureme: "mini ere jui kejine, uthai nai dele banjire be cihalarakū ohobi, gulhun inenggi den fangkalan babe ketkeneme, deyeme ebume tafarade, emu beye gemu feyelehebi……"seme songgome nakarakū. "julgeci ebsi, muse uthai erali banjihabi." seme coko i deheme gisureme: "uruneci musede buda bure niyalma bi, kangkaci musede muke bure niyalma bi, ere yagese sain banjin! si absi tere jere jemengge akū, dedure ba akū, edun aga de bahabume, ya erinde niohe tasha yarha de ulebure be sarkū terali bigan tala de banjire be cihalambio?" sehe. "mujangga, mujangga," coko i uhume dahabufi gisureme:

說道：“我這孩子早就不喜歡在地上的生活了，整天跳高跌矮，飛上衝下，渾身都是傷……”說著哭個不停。“自古以來，我們就是這樣生活。”小雞的姨媽說道：“餓時有人給我們飯吃，渴時有人給我們水喝，這是多好的生活！你怎麼喜歡那沒東西吃，沒地方睡，風吹雨打，不知何時被狼虎豹吃掉，那種在野外的生活呢？”“是的，是的，”雞嬸嬸跟著說道：

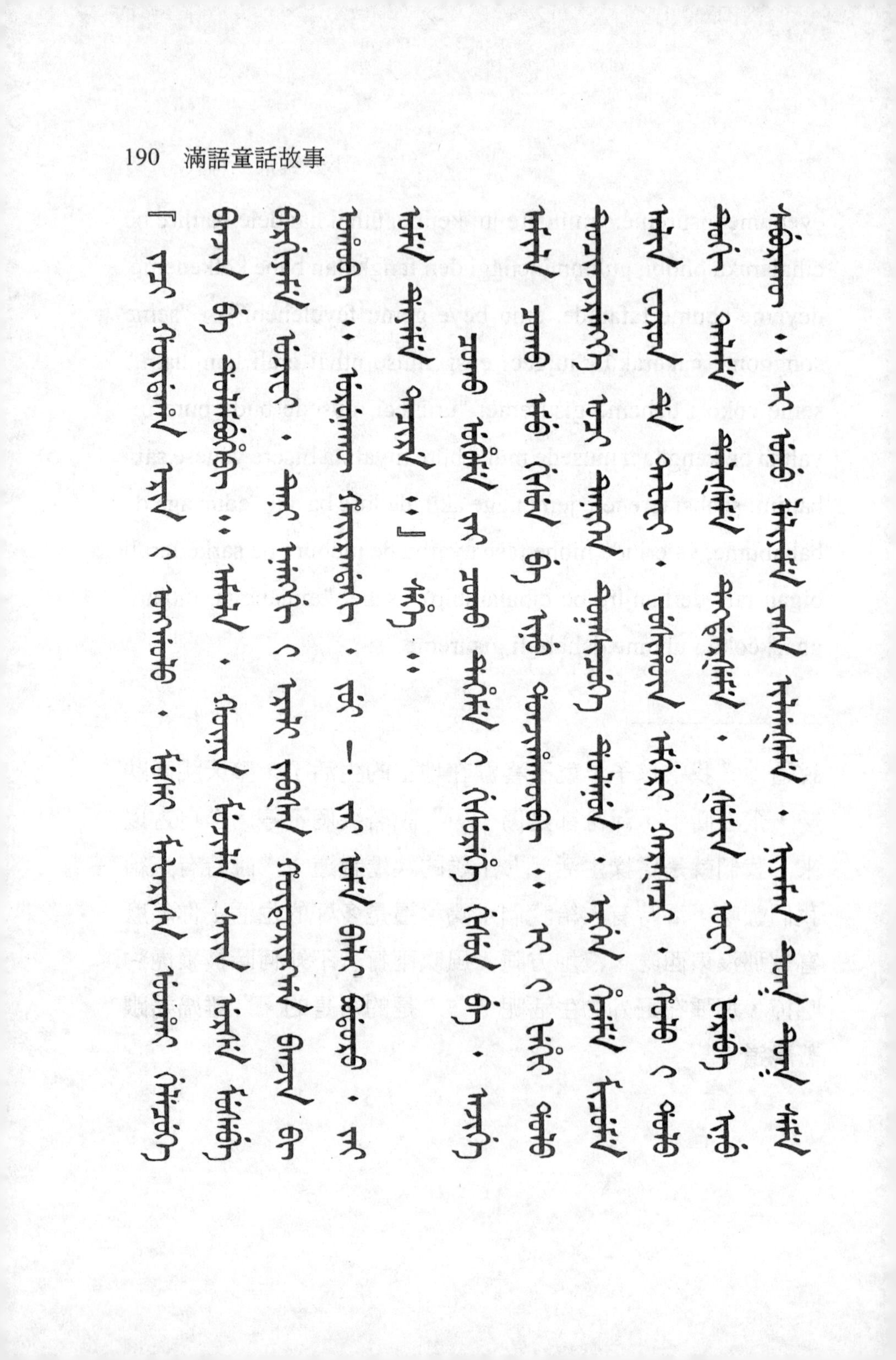

『[illegible] ᠈ [illegible]

[illegible] ᠉ [illegible] ᠈ [illegible]

[illegible] ᠈ [illegible]

[illegible] ᠉ [illegible] ᠈ [illegible] ! [illegible] ᠈ [illegible]

[illegible] ᠉』[illegible] ᠉

[illegible] ᠈ [illegible]

[illegible] ᠉ [illegible]

[illegible] ᠈ [illegible]

[illegible] ᠈ [illegible] ᠈ [illegible]

[illegible] ᠈ [illegible] ᠈ [illegible]

[illegible] ᠉ [illegible] ᠈ [illegible]

"jaci goidaha erin i onggolo, musei mafarisa uthai gelecuke banjin be dulembuhebi. amala, gūnin mujilen sain urse musebe bargiyame ujifi, teni enenggi i erali jabšan hūturingga banjin bi ohobi. urunakū hairandaki, jui! jai ume balai bodoro, jai ume deyeme tacire." sehe. coko uhume jai coko deheme i gisurehe gisun be, ajige amila coko emu gisun be inu donjihakūbi. i i fehii dolo tucinjirengge oci teniken tuksicuke dulenun, ergen hejeme micume alin foron de tafafi, fusihūn emgeri karašaci, holo i dolo tugi talman delišeme dekdešeme, šumin ofi ferebe inu saburakū. i uju leliyeme yasa ilgašame, niyaman tuk tuk seme

---

“很久很久以前，我們的祖先們就是過著那種可怕的生活，後來，有心地善良的人收養了我們，才有今天這樣幸福的生活，一定要珍惜呀！孩子！不要胡思亂想，再不要學習飛翔。”雞嬸嬸和雞姨媽所說的話，小公雞一句也沒聽進去。牠腦子裡出現的是剛剛經歷過的危險，氣喘吁吁地爬上山頂往下一看，山谷裡雲霧繚繞，深不見底。牠頭昏眼花，心蹦蹦地跳著，

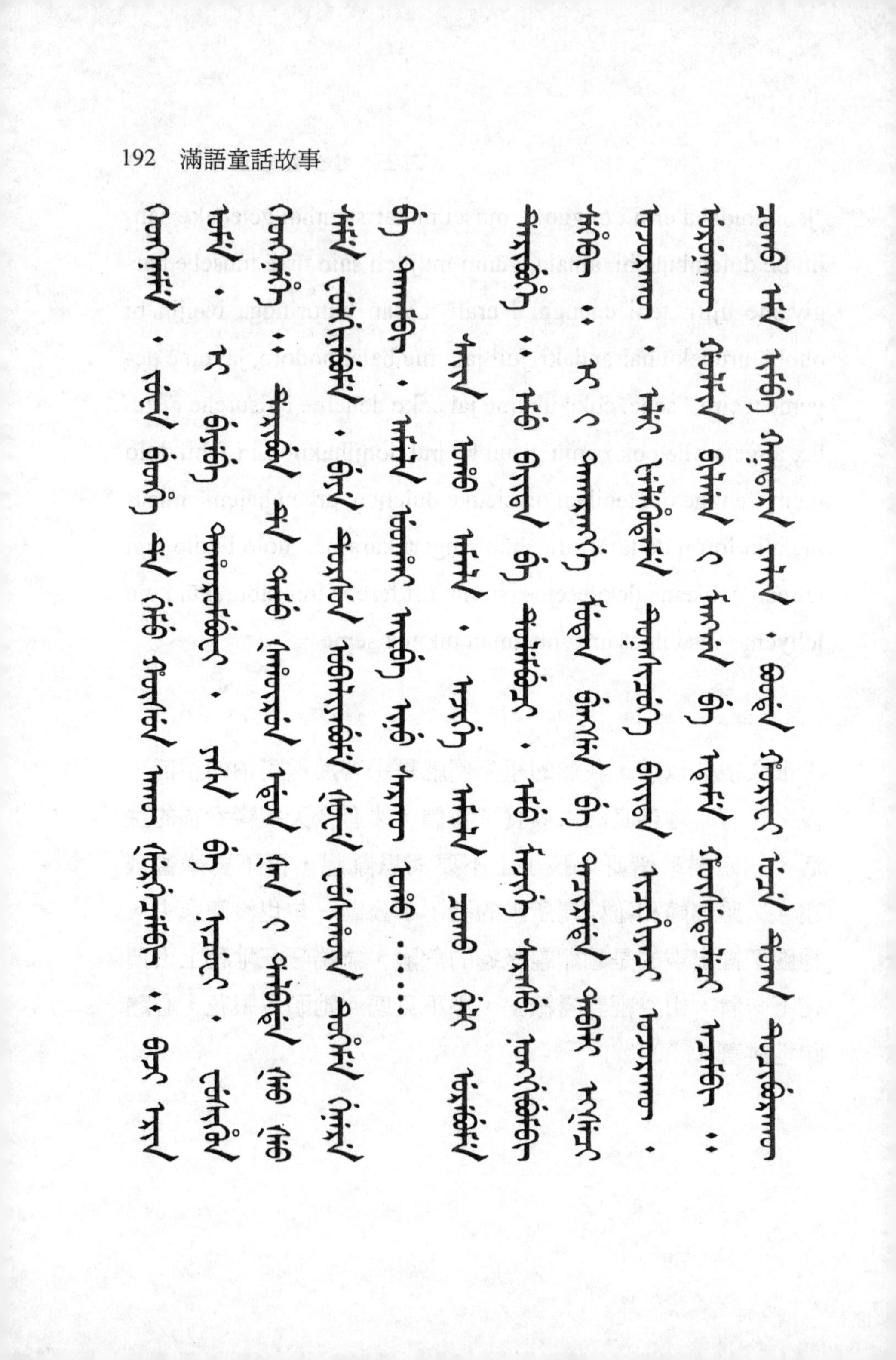

ketkeneme, juwe bethe de gemu hūsun akū šurgecembi. baji erin ome, i beyebe tohorombufi, yasa be nicufi, fusihūn ketkenehe. deribun de damu šahūrun edun šan i dalbade šeo šeo seme fulgiyebume, beye dursun ubaliyabume šuwe fusihūn tuheme genere be takambi. amala uthai aibe inu sarkū oho …… sain oho amala, ajige amila coko geli urebume deribuhe. emu baita be dulembuci, emu majige sarasu nonggibumbi sehebi, i i takarangge muten betungsen be tacirede dabali ekšeci ojorakū, elei felehudeme tuksicuke baita icihiyaci ojorakū, urunakū golmin bilgan i mangga be eteme hūsutuleci acambi. coko eme imbe kaktara jalin, boode horifi uce duka tuciburakū

兩條腿都無力地顫抖。過了一會兒，牠鎮定了一下，閉上眼睛，跳了下去。開始時只知道冷風在耳邊颼颼地吹著，身體翻轉著直往下掉，後來就什麼都不知道了，……好了以後，小公雞又開始練習了。有道是吃一塹，長一智，牠所知道的是學習本事時，不可以太急，更不可冒險行事，必須長期地克服困難。雞媽媽爲了要阻止牠，把牠關在家裡不讓牠出門，

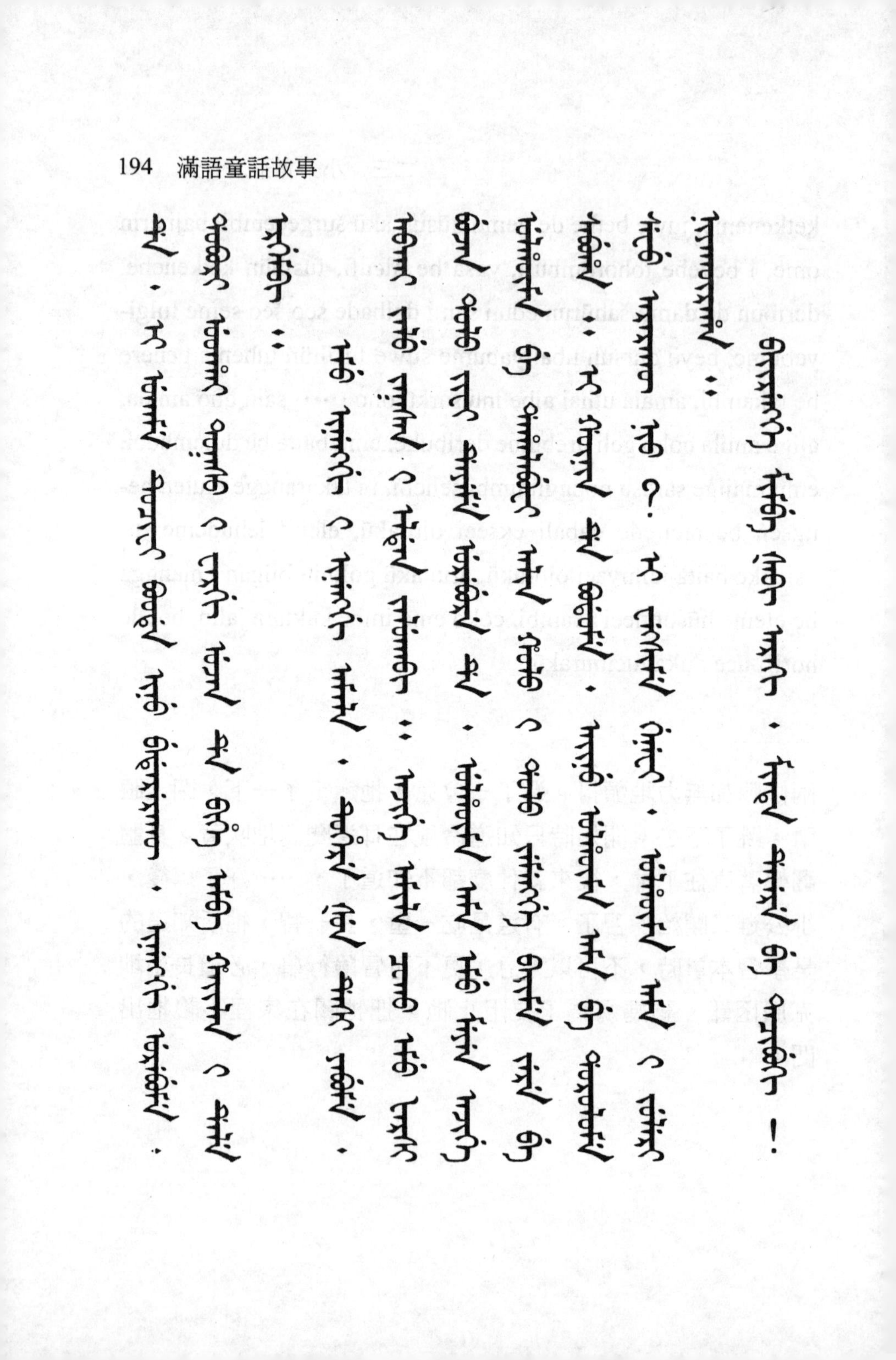

[illegible]

de, i ukame tucifi boode inu bedererakū, inenggi urebume, dobori uthai tokso i wargi ujan de bihe amba hailan i dele ergembi. emu inenggi i inenggi amala, tuhere šun desi yabume, abkai jalu jaksan i elden jalukabi. ajige amila coko emu farsi bujan dolo jifi deyeme urebure de, ulhūma ama emu meyen ajige ulhūma be dahalabufi alin holo i dolo jemengge baime jere be sabuha. i gūnin de bodome: ainu ulhūma ama be dorolome sefu ararakū nio? i feksime genefi, ulhūma ama i juleri niyakūraha. "bairengge mimbe šabi araki, minde deyere be tacibuki!"

牠逃出去，連家也不回，白天練習，晚上就在村東頭大樹上歇息。一天的下午，夕陽西下，滿天霞光。小公雞來到一片叢林裡練習的時候，看見野雞爸爸帶著一群小野雞到山谷裡找食物吃。牠心裡想：爲什麼不拜野雞爸爸爲師呢？牠跑過去，跪在野雞爸爸的前面，“請收我爲徒，教我飛翔吧！

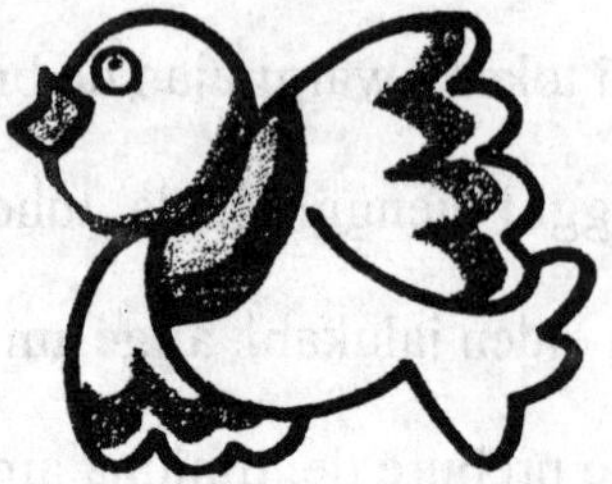

"si deyeme tacimbi seme bodombio?" ulhūma ama majige terei ai sere gūnin be ulhirakū oho, "absi coko inu deyere be tacimbio? jingkini ice baita, ajige amila coko, hūdukan i booci bedereki, ume balai cihai ojoro." "si alime gairakū oci, bi uthai niyakūrafi ilirakū." "terebe šabi obume bargiyaki, ama, terebe šabi obume bargiyaki ……" ajige ulhūma emu ice gucu jihebe sabufi, jaci urgunjeme, teisu teisu ama be ajige amila coko be šabi obume bargiyaki seme bainuha.

“你想飛翔嗎？”野雞爸爸有些不懂是什麼意思？“怎麼雞也學飛呢？眞是新鮮事，”“小公雞趕快回家吧！不要亂來。”“您不接受的話，我就跪著不起來。”“收牠爲徒吧！爸爸，收牠爲徒吧！……”小野雞看見來了一個新朋友，很是高興，各個請求爸爸收小公雞爲徒。

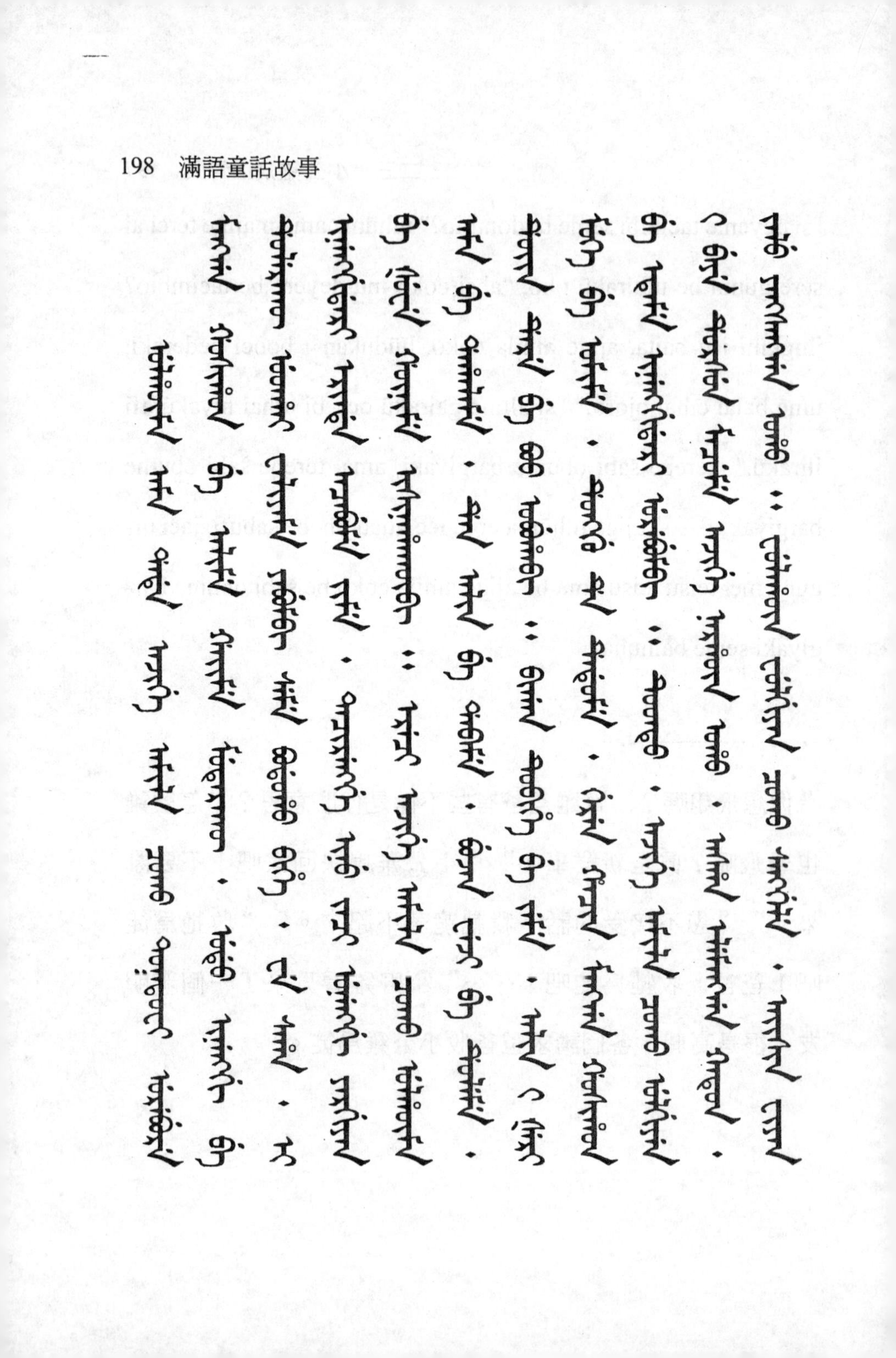

ulhūma ama dade ajige amila coko toktofi urebure mangga gosihon be alime gaime muterakū, udu inenggi be dulerakū uthai waliyame yabumbi seme bodoho bihe, we saha, i inenggidari erinde acabume jime, tacirengge inu jaci unenggi yargiyan be šuwe gūnime isinahakūbi. ereci ajige amila coko ulhūma ama be dahalame, den alin be dabame, bujan weji be duleme, duin dere be boo obuhabi; bigan tubihe be jeme, alin i šeri muke be omime, dunggu de dedume, geren hacin mangga gosihon be eteme inenggidari urebumbi. tuttu, ajige amila coko ulhiyen i beye dursun macume ajige narhūn oho, asha elemangga katun, jalu yangsangga oho. fulahūn fulgiyan coko senggele, aisin fiyan

---

野雞爸爸原本以爲小公雞肯定受不了練習的艱苦，過不了幾天就會放棄，誰知道，竟然沒想到牠每天按時來，學習也很認眞。從此小公雞跟著野雞爸爸越過高山，穿過叢林，四方爲家；吃野果，喝山泉水，睡洞穴，克服各種困難，每天練習。因此，小公雞漸漸地身體瘦小了，翅膀反倒強壯豐滿華麗了。赤紅的雞冠，

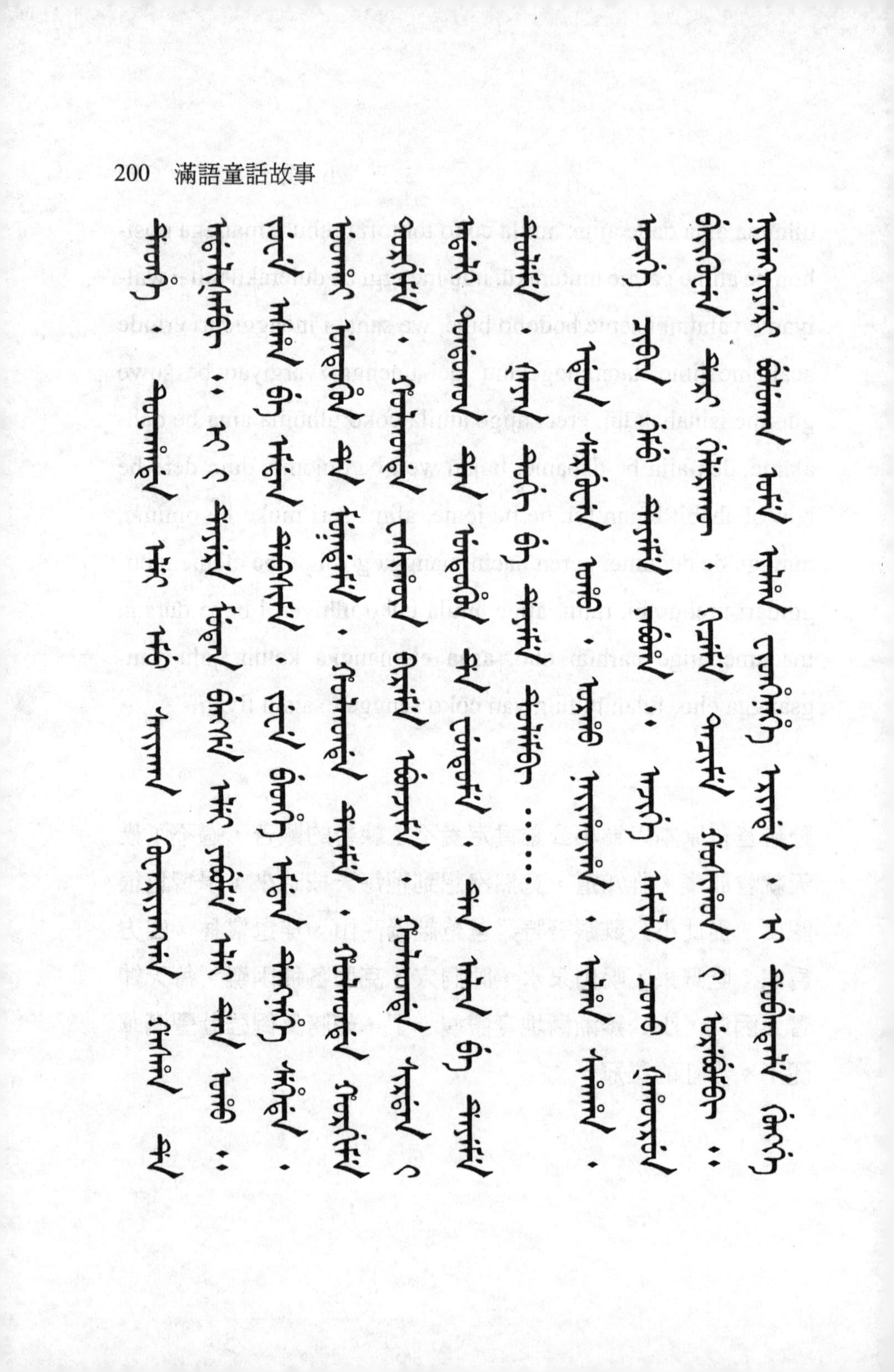

[illegible]

dethe, tuwahade elei emu saikan kuwariyangga gasha de adališambi. i i deyere muten bengsen elei yabume elei den oho: juwe asha be emdan debsime, juwe bethe emdan dengnehe sehede, uthai untuhun de mukdeme, holkonde deyeme, holkonde horgime torgime, holkonde wasihūn bireme ebunjime, holkonde sirdan i adali tondokon den untuhun de funtume, den alin be deyeme duleme. šayan tugi be deyeme dulembi …… edun serguwen oho, orho naihūha, ilha sihaha, ajige cibin gemu deyeme yabuha. ajige amila coko šahūrun beikuwen deri gelerakū, kiceme tacime gosihon i urebumbi. niyengniyeri bulukan ome ilha fithenehe erinde, i dubentele gungge

---

金色的羽毛，看起來更像一隻漂亮的鳥。牠飛翔的本事越來越高超了：兩隻翅膀一搧，兩腿一踮，就昇空了，忽而飛翔，忽而盤旋，忽而俯衝，忽而像箭一樣直衝高空，飛過高山，越過白雲……風涼了，草枯了，花謝了，小燕子都飛走了。小公雞不怕寒冷，勤學苦練。春暖花開時節，

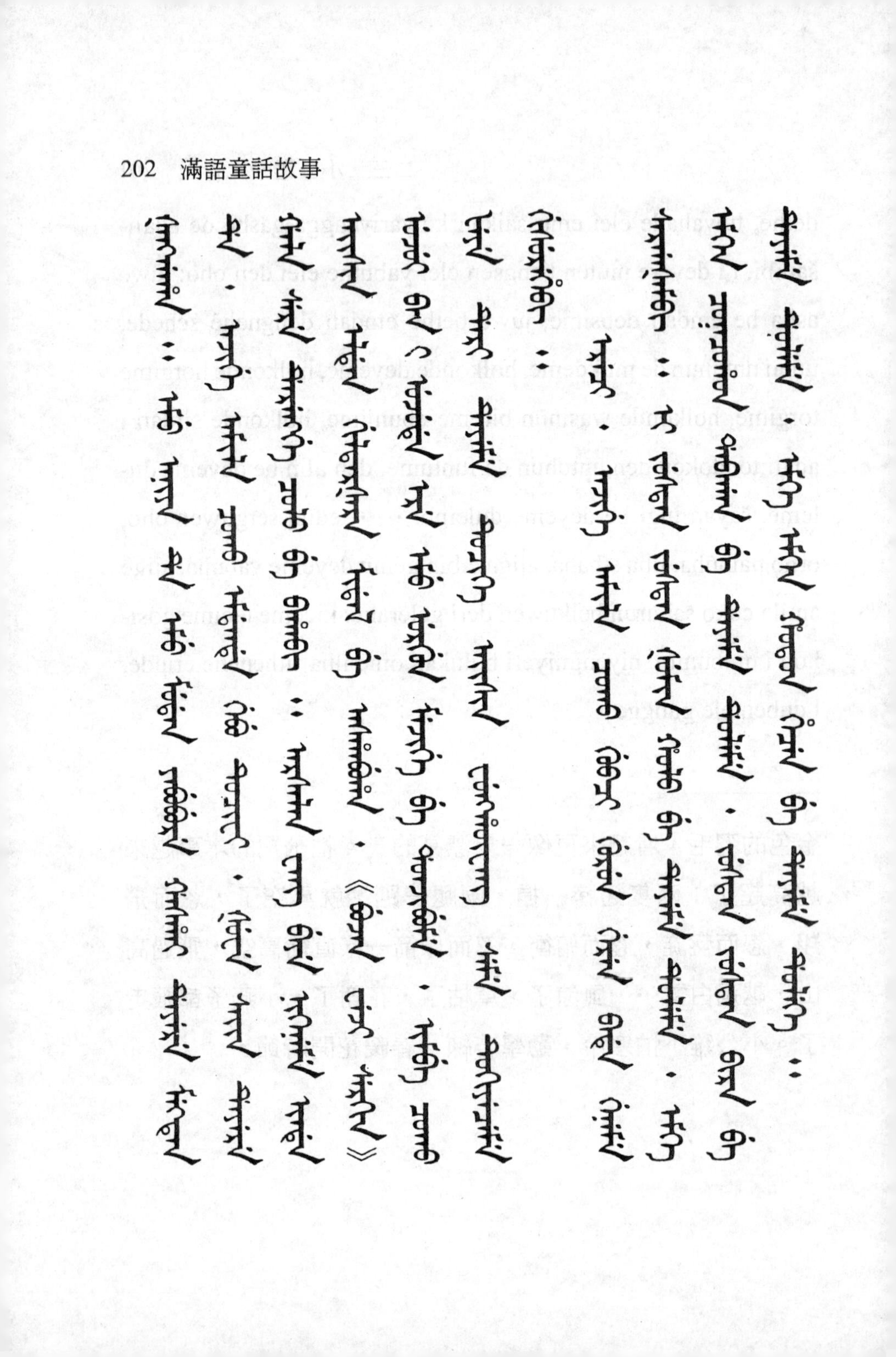

šanggaha; emu aniya de emu mudan yabubure gashai deyere mekten de, ajige amila coko emdande gebu tucifi, "šuwe sain deyere gala" sere derengge colo be bahabi. arsalan wang beye nikeneme inde aisin elden giltaršara midal be ashabuha, 《bujan weji serkin》 ujui ban i ujude ere emu urgun mejige be donjibume, imbe "coko feye deri deyeme tucike aisin funghūwang" seme tukiyeceme gisurehebi. ereci, ajige amila coko gubci gurun geren bade geneme sargašambi. i justan justan šumin holo be deyeme duleme, emke emken cokcohon dabagan be deyeme duleme, justan justan bira be deyeme duleme, emke emken hoton hecen be deyeme duleke.

牠終於成功了。一年一度舉行的鳥類飛行比賽，小公雞一下子出了名，獲得了「最佳飛手」的光榮稱號。獅王親自來爲牠佩帶了金光閃閃的勳章，《叢林報》頭版頭條刊登著這個好消息，稱讚牠是「從雞窩裡飛出來的金鳳凰」。從此，小公雞到全國各地去旅遊，牠飛過條條深谷，穿過重重峻嶺，越過條條大河，飛過了各個城市。

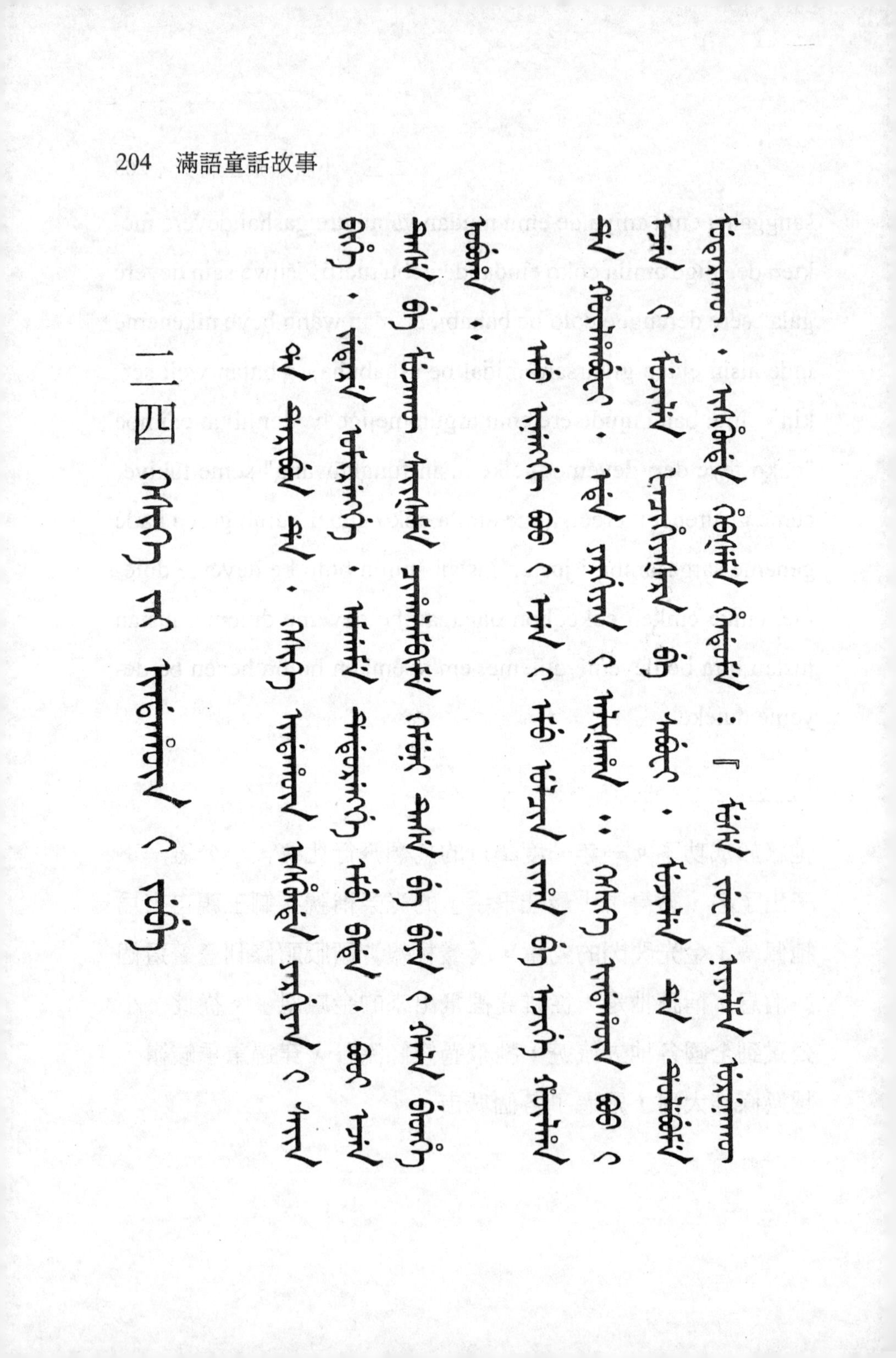

二四

二四　kesike jai indahūn i jube

da deribun de, kesike indahūn ishunde yargiyan i sain bihe. jetere omirengge, amgame dedurengge emu bade, booi ejen tese be mujakū saišame cihalambime kemuni tese be beye i gala bethe obuha. emu inenggi boo i ejen i emu ulcin jiha be ajige hūlha de hūlhabufi, ede yargiyan i ališaha. kesike indahūn boo i ejen i mujilen facihiyašara be sabufi, mujilen de dulebume muterakū, ishunde hebšeme hendume: "muse juwe niyalma urunakū

二四　貓和狗的故事

剛開始時，貓和狗彼此眞的很好，一起吃喝睡臥，主人非常欣賞牠們，而且還把牠們作爲自己的手足。有一天，主人的一串錢被小偷偷了，爲此實在煩悶。貓狗看見主人心裡著急，心中過意不去，彼此商議說：“我們兩人一定要

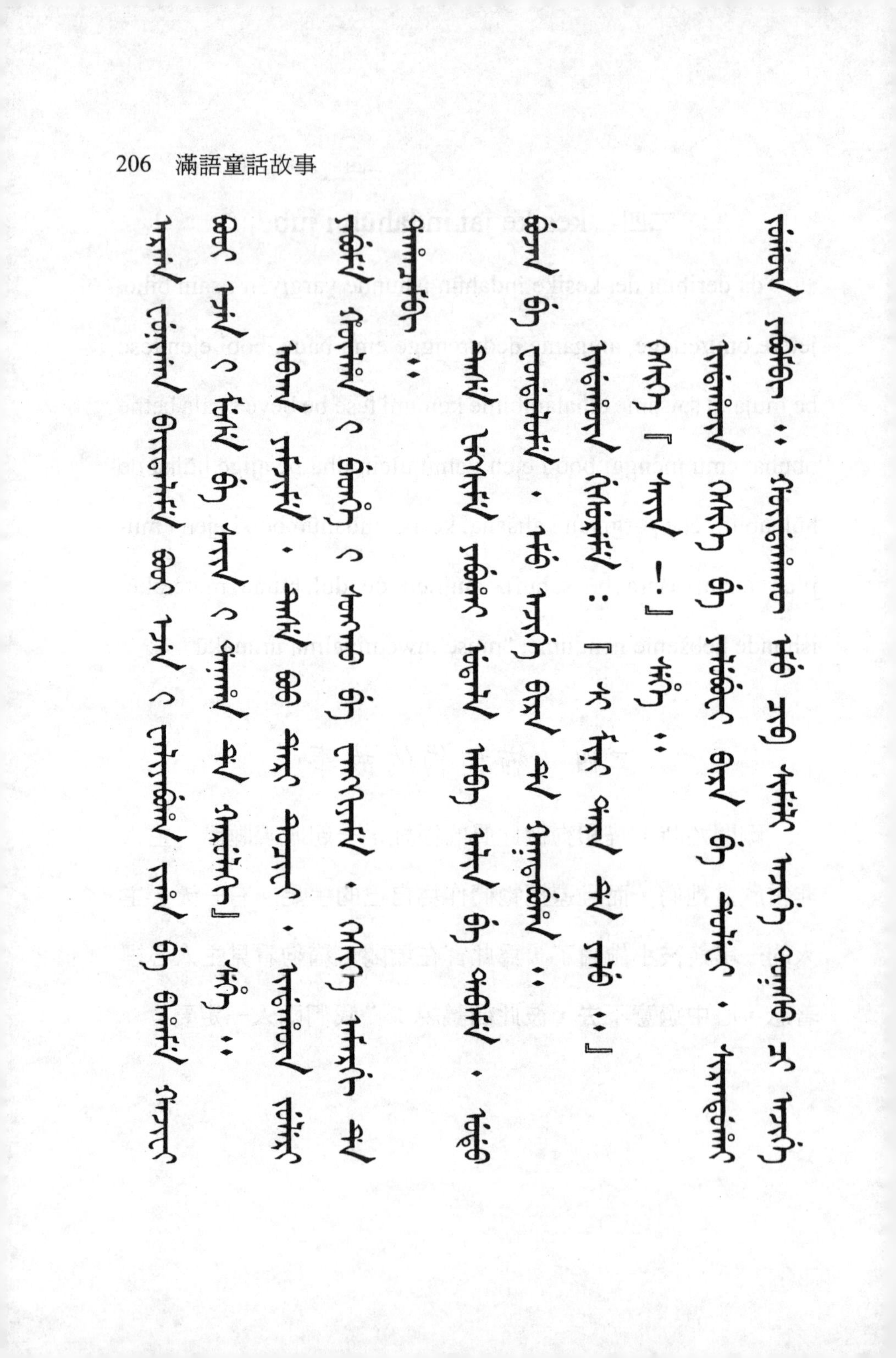

arga funigan baitalame booi ejen i waliyabuha jiha be bahame gaifi booi ejen i muse be sain i danaha de karulaki." sehe. abka yamjime, tese boo deri tucifi, indahūn juleri yabume hūlha i bethe i songko be wangkiyame kesike amargi de dahacambi. tese feksime yabuhai utala amba alin be dabame, udu bujan be fodolome, emu ajige bira de kaktabuha. indahūn gisureme: "si mini dara de yalu." kesike "sain!" sehe. indahūn kesike be yalubufi bira be dulefi, siranduhai jugūn yabumbi. goidahakū emu cib simeli ajige tokso ci ajige

---

想辦法找到主人丟掉的錢，以報答主人的善待我們。天黑了，牠們從家裡出去，狗走在前頭嗅賊的腳印，貓在後面跟隨。牠們跑著走著，越過許多大山，穿過多個叢林，被一條小河擋住了。狗說道：“你騎在我的背上吧！”貓說“好吧！”狗背著貓過了河，繼續走路。沒多久從一個僻靜的小村裡

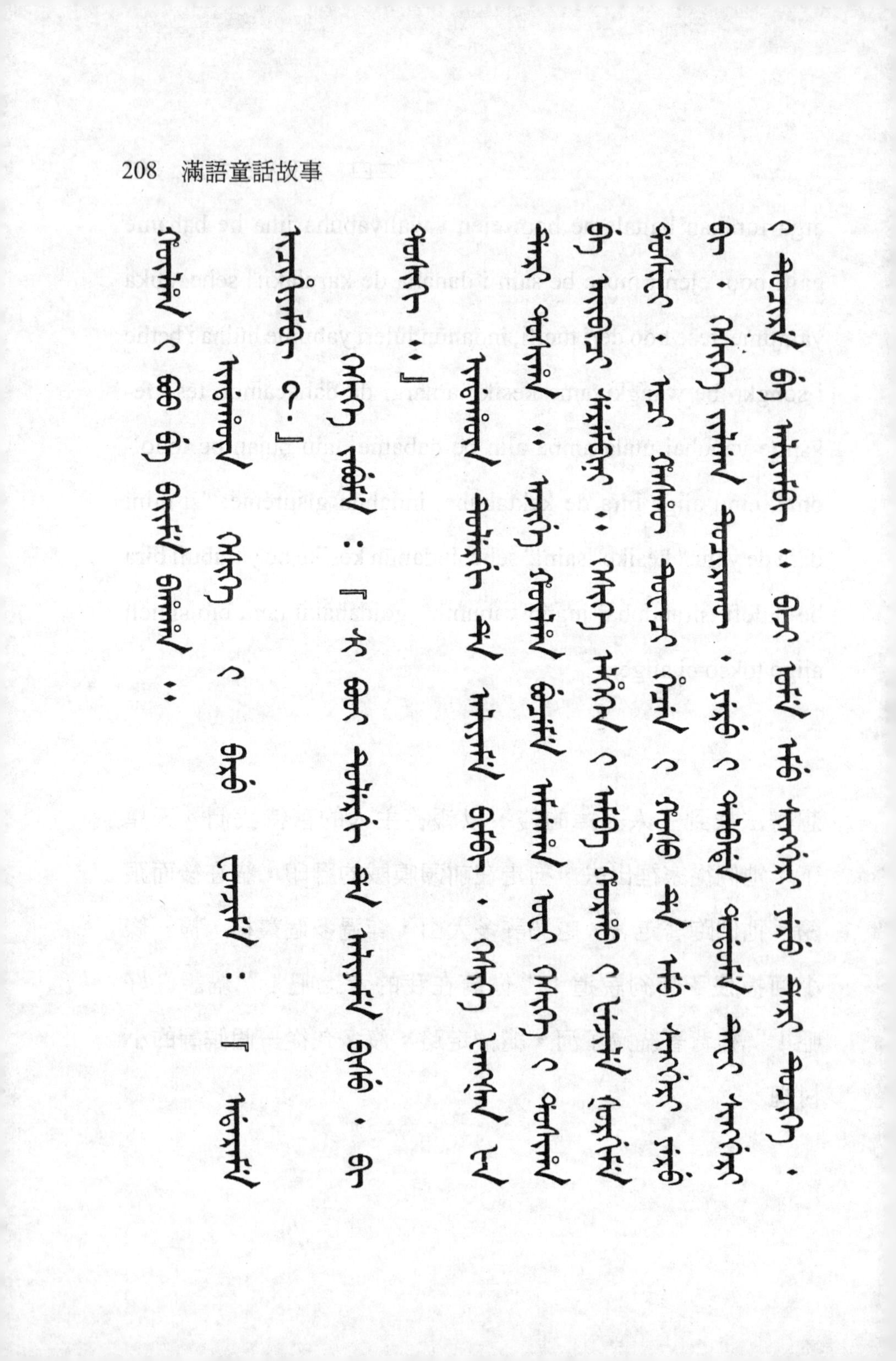

hūlha i boo be baime bahaha. indahūn kesike i baru fonjime: "adarame icihiyambi?" kesike jabume: "si booi tulergi de aliyame bisu, bi dosiki." indahūn tulergi de aliyame bimbi, kesike fangšan fa deri dosiha. ajige hūlha buceme amgaha ofi kesike i dosiha be aibici serembini. kesike elheken i amba horho i fejile šorgime dosifi, ici hashū tuwaci hecen i hošo de emu singgeri yeru bi, kesike jilgan tucirakū. yeru i dalbade dodome tefi singgeri i tucire be aliyambi. baji ome emu singgeri yeru deri tucike,

---

找到了小偷的家。狗問貓說："怎麼辦？"貓回答說："你在屋外等，我進去吧！"狗在外面等，貓從天窗進入。因爲小偷睡得很死，所以哪能知道貓進來了呢？貓輕輕地鑽進了大櫃子的下面，左右一看，見墻角有一個老鼠洞，貓不出聲，蹲在洞口旁邊等候老鼠出來。過了一會兒，一隻老鼠從洞裡出來，

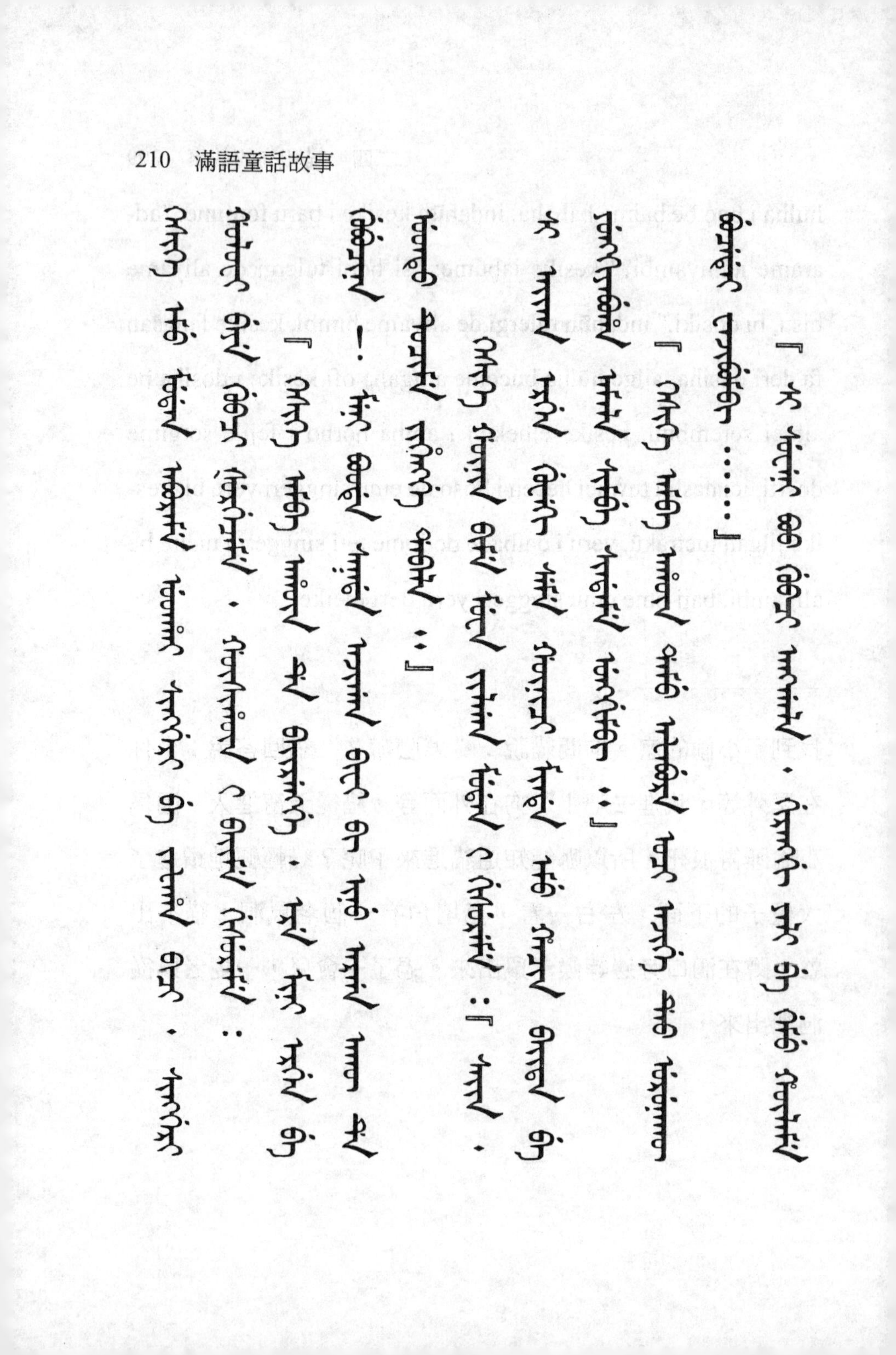

『[illegible]
[illegible]……』
『[illegible]
[illegible]。』
[illegible]
『[illegible]：『[illegible]，
[illegible]。』
[illegible]
『[illegible]
[illegible]：
[illegible]

kesike emu mudan aburame uthai singgeri be jafaha bici, singgeri golofi beye gubci šurgeceme, gūsihūn i baime gisureme: "kesike amba ahūn de bairengge, ere mudan mini ergen be gubucina! meni boode sakda ajigan bifi bi inu arga akū de uttu tucime jihengge dabala." kesike gūnin bime muwa jilgan mudan i gisureme: "sain, si aika ergen guweki seme gūnici minde emu hacin baita be yungkiyabuha amala simbe sindame unggimbi." " kesike amba ahūn damu afabure oci ajige deo urunakū bucetei wajibumbi ……" "si suweni boo gubci anggala、giranggi yali be gemu hūlame

---

貓一撲就抓到老鼠，老鼠嚇得全身發抖，很可憐地請求說：“請求貓大哥，這回饒了我的命吧！我們家裡有老小，我也是沒法子才這樣出來罷了。”貓故意粗聲地說道：“好，你若是想要幸免的話，替我完成一件事情後再放了你。”“貓大哥只要吩咐，小弟一定拚死完成……”“你把你們全家人口、親戚都叫過來，

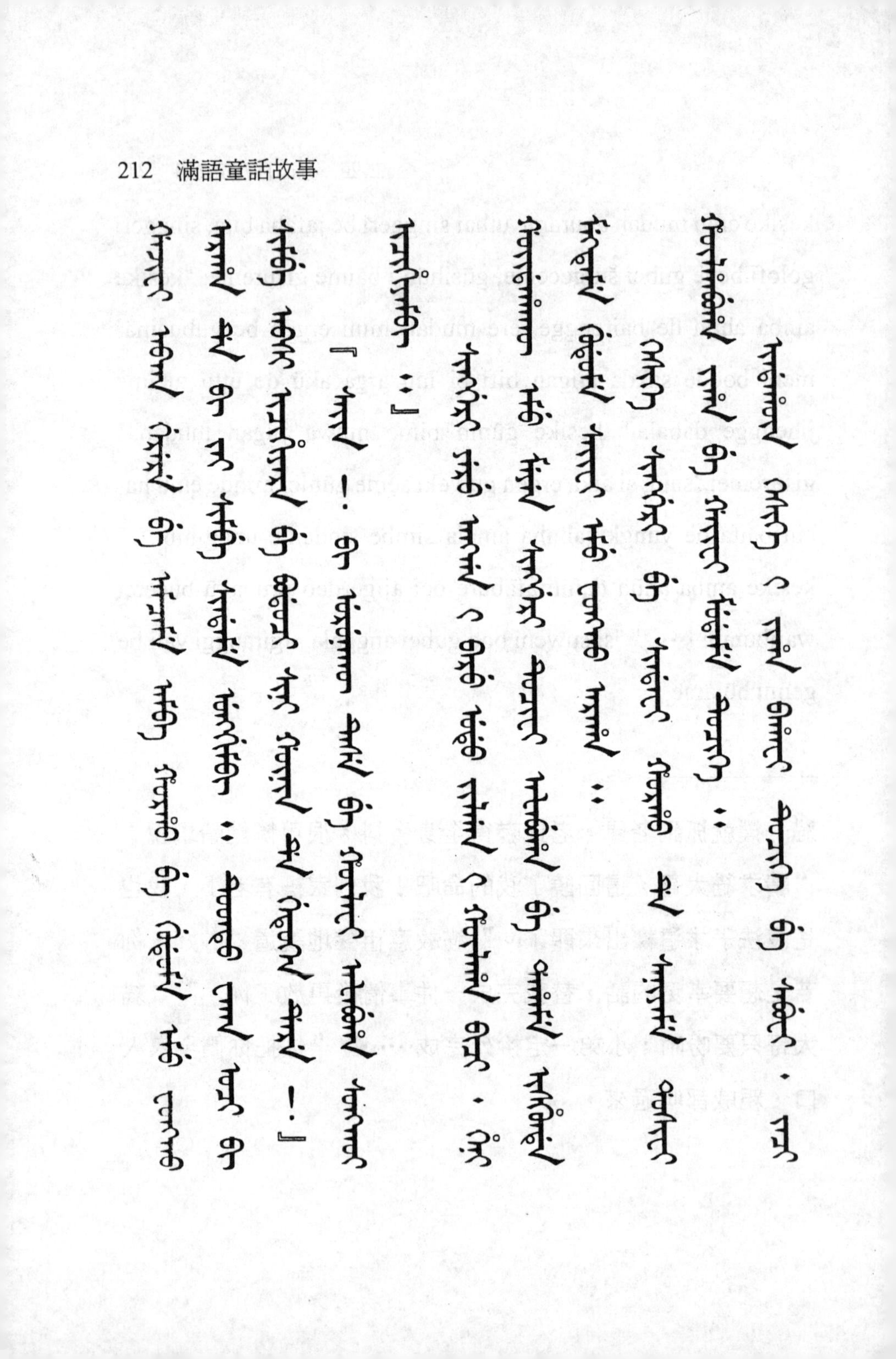

gajifi abka gerere be amcame amba horho be gudume emu fongko araha de bi jai simbe sindame unggimbi. tuttu waka oci bi simbe absi icihiyara be bodoci sini gūnin de getuken dere!" "sain! bi urunakū tese be hūlafi afabuha songkoi icihiyambi." singgeri yeru angga i baru udu jilgan i hūlaha bici, heni goidahakū emu meyen singgeri tucifi afabuha be dahame ishunde mekteme gudume saifi emu fongko araha. kesike singgeri be sindafi horho de saniyame dosifi hūlhabuha jiha be gaifi mudame tucike. indahūn kesike i jiha bahafi tucike be sabufi, jaci

---

趕在天亮前把大櫃子穿一個洞，我再放你走，不然的話，我會把你們怎麼樣，料想你心裡也明白！”“好啊！我一定叫牠們按照吩咐做。”老鼠對著洞口叫了幾聲，沒多久，一群老鼠出來，按照吩咐爭相咬穿了一個洞。貓放了鼠，伸進了櫃子，把被偷的錢拿了回來，狗看見貓拿出了錢，

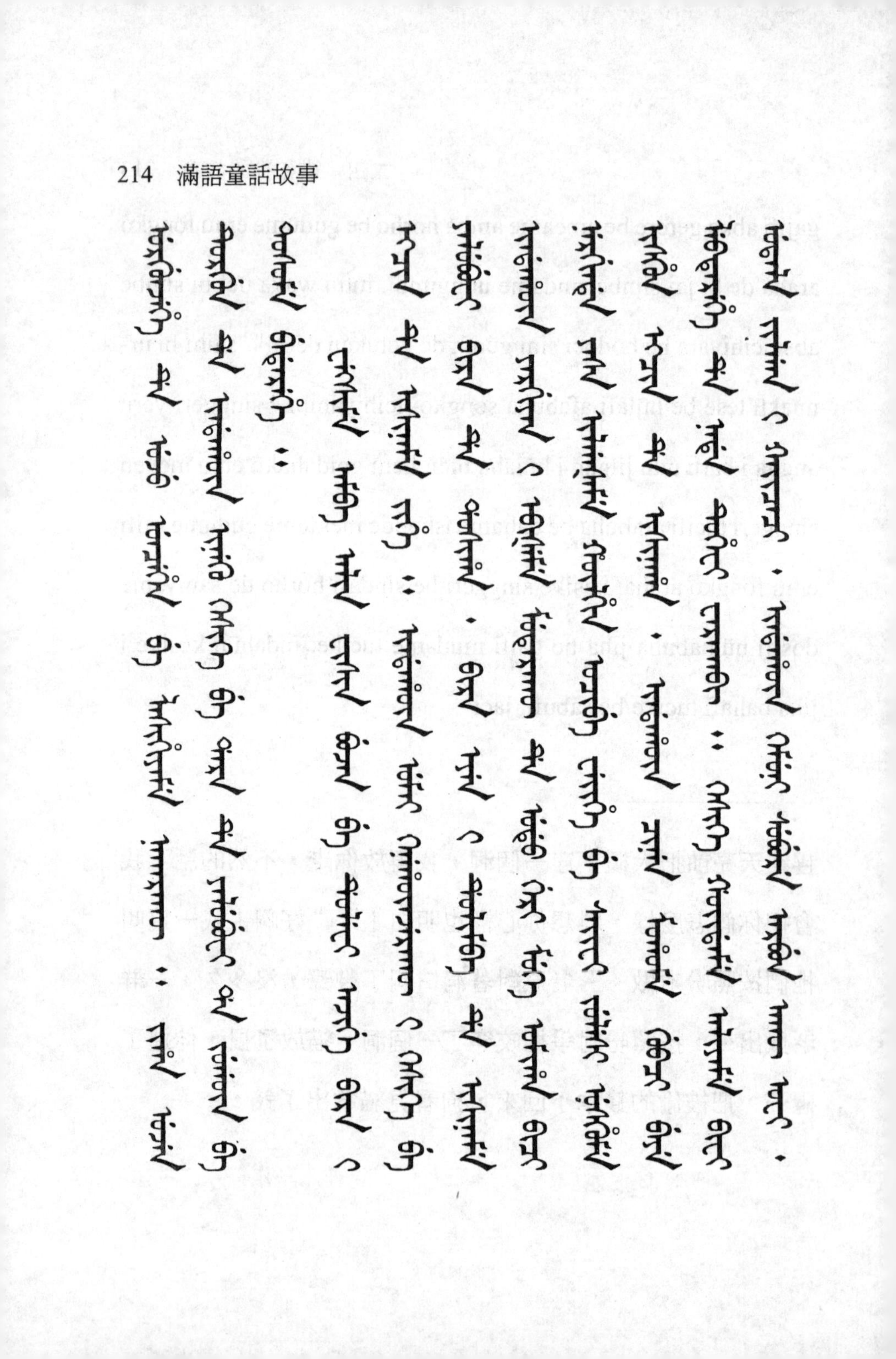

urgunjehe de uju uncehen be lasihiyame nakarakū. jiha ujen turgun de indahūn ineku kesike be dara de yalubufi da jugūn be tosome bederehe. feksime amba alin fisin bujan be dulefi ajige bira i ekcin de isiname jihe. indahūn umai kenehunjerakū i kesike be yalubufi bira de dosiha. bira eyen i dulimba de isiname indahūn yargiyan i ebišeme muterakū de udu geri muke omiha bici nerginde yasa ilgašame hūlhin ocibe weihe be saifi julesi nushume ishun ekcin de isinaha. indahūn cinen mohome gubci beye lebterehe de nade tuhefi warakabi. kesike goidame aliyame bifi utala jilgan i kaicaci, indahūn kemuni subure arbun akū ofi,

---

很是高興，頭尾搖個不停。因為錢重，狗仍然讓貓騎在背上，沿著原路回去了。跑過大山密林來到了小河邊，狗毫不猶豫地背著貓進到河裡，到了河流中央，狗實在不能游了，喝了幾次水，立刻頭昏眼花，但牠咬牙堅持向前衝到了對岸，狗精疲力盡渾身濕透昏倒在地上。貓等了很久，叫了許多聲，仍不見狗醒來，

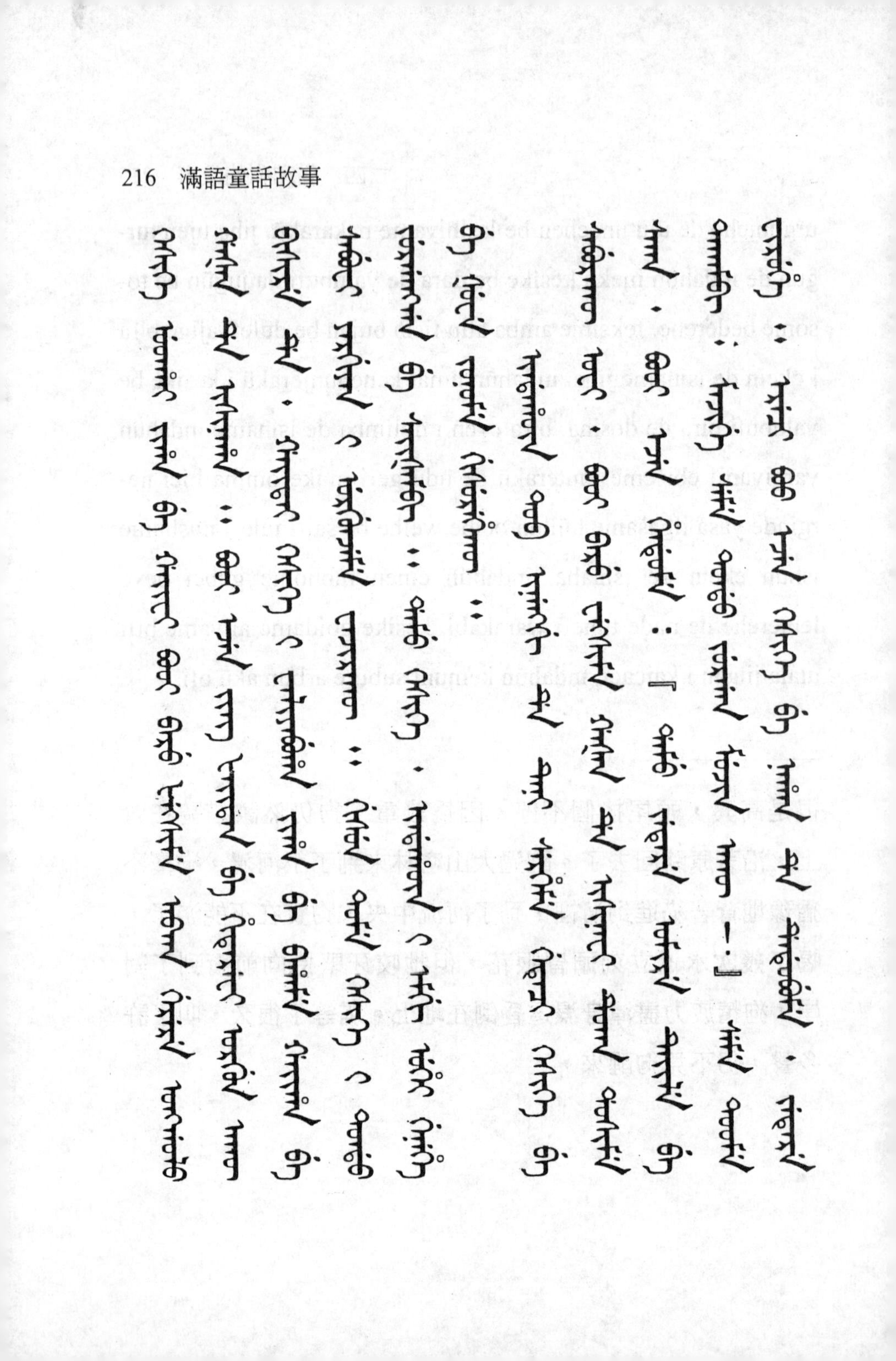

kesike uthai jiha be gaifi booi baru feksime abka gerere onggolo gašan de isinaha. booi ejen jing faitan be hiterefi urgun akū bisire de, gaitai kesike i waliyabuha jiha be bahame gaiha be sabufi yargiyan i urgunjeme wajiraku. gisun tome kesike i tondo jurgangga be saišambi. damu kesike, indahūn i emgi uhei genehe be šuwe jonome gisurehekū. indahūn tob inenggi de teni serheme geteci kesike be saburakū ofi, booi baru feksime gašan de isinafi duka dosime saka. booi ejen hendume: "damu jetere omire teile be takambi, majige seme tondo jurgan mujin akū!" seme toome firuhe. ereci booi ejen kesike be nahan de dedubume, jetere

---

所以貓就拿了錢向家裡跑，在天亮前趕到村裡，主人正皺著眉頭不高興時，突然看見貓找回丟失的錢，實在高興不已，連連誇獎貓的忠義，但是貓始終都沒提到牠是同狗一起去的。狗一直到中午才醒過來，因爲看不到貓，所以往家裡跑著，到達村子後剛剛進門，主人說道：“只知道吃喝，毫無忠義之心！”這樣地咒罵著，從此，主人讓貓睡在炕上，

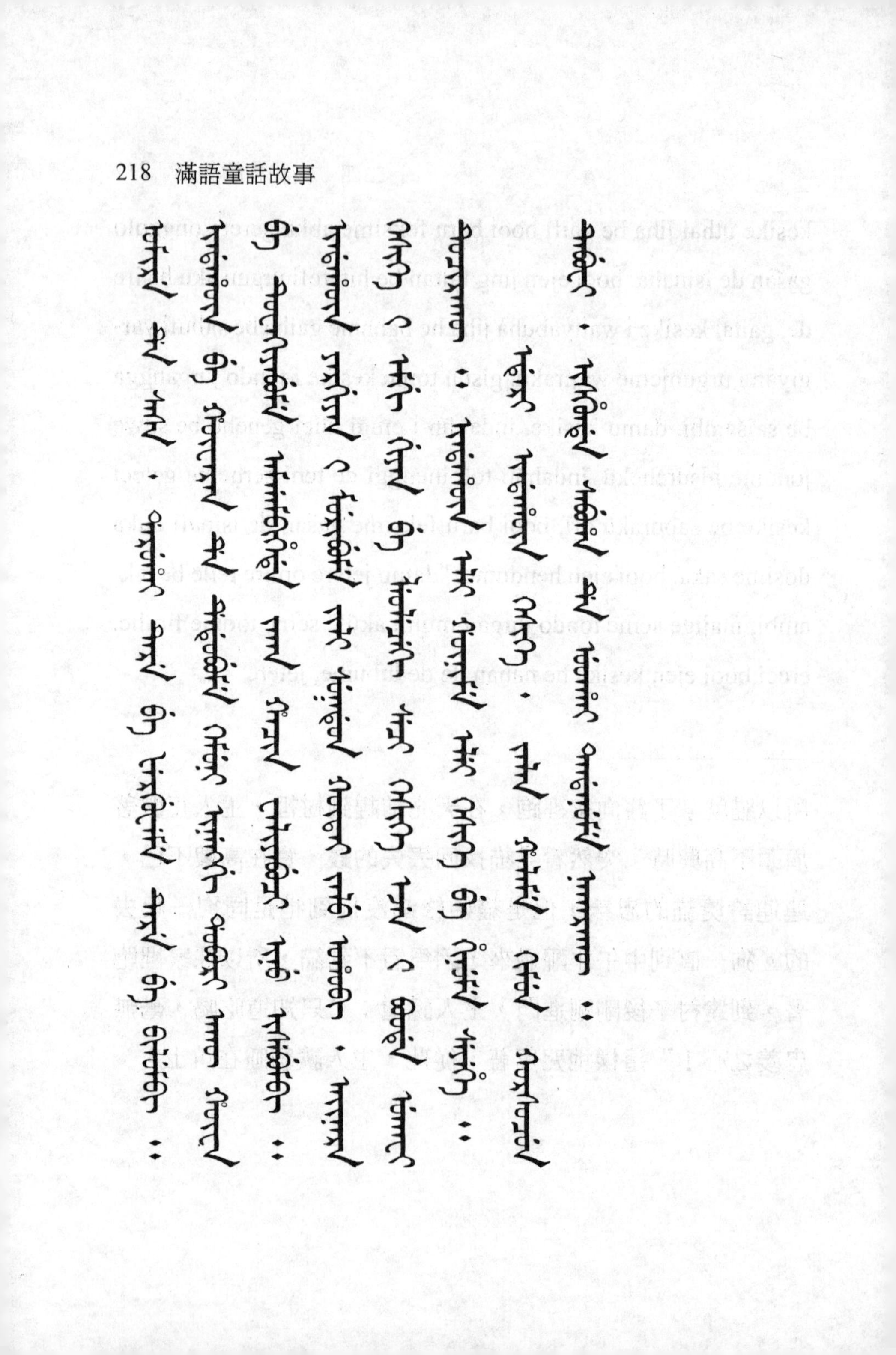

omire de sasa, daruhai tere be ferguweme tere be bilumbi. indahūn be hūwaran de dedubume kemuni inenggi dobori akū hūwa be tuwakiyabume amgambihede jaka hacin waliyabuci inu isebumbi. indahūn yargiyan i muribume jili sukdun kūtai jalu ohobi. ainara kesike i emgi giyan be leoleceki seci kesike ejen i boode ukafi tucirakū. indahūn elei gūnime elei kesike be hinume seyehe. ederi indahūn kesike, jalan halame kimun korsocun tebufi, ishunde sabuha de uthai tandanume nakarakū.

一齊吃喝，常常誇獎牠，撫摸牠。讓狗躺在院子裡，不分日夜看守庭院，睡著時遺失物件，還要加以懲罰，狗實在委屈，滿肚子怒氣。無奈想要同貓理論時，貓都躲到主人的房間裡不肯出來。狗越想越痛恨貓，從此，狗貓世代記仇，看到對方時就打個不停。

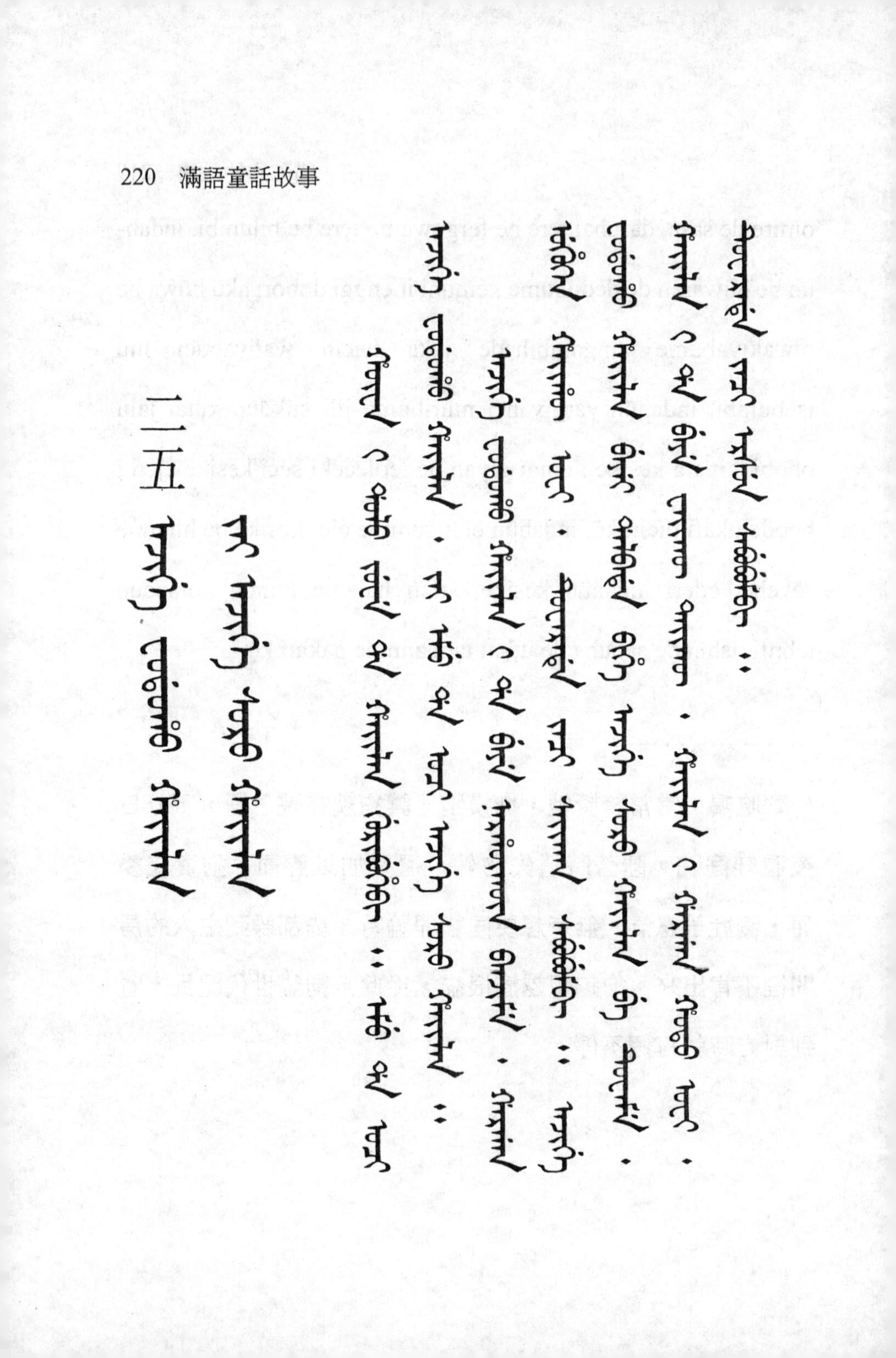

[illegible]
[illegible]
[illegible]
[illegible]
[illegible]
[illegible]
[illegible]
[illegible]

二五 [illegible]

[illegible]

二五　ajige fodoho hailan jai ajige soro hailan

hūwa i dolo juwe da hailan guribuhebi. emu da oci ajige fodoho hailan, jai emu da oci ajige soro hailan. ajige fodoho hailan i da beye narhūkūn banjime, gargan uhuken haihū ofi, tuwarade jaci saikan sabubumbi. ajige fodoho hailan beyei dalbade bihe ajige soro hailan be tuwame, hailan i da beye waikū taikū, hailan i gargan hoto ofi, tuwarade jaci ersun sabubumbi.

二五　小柳樹和小棗樹

院子裡種了兩棵樹：一棵是小柳樹；又一棵是小棗樹。小柳樹的主幹長得很細，樹枝很柔軟，因此看起來顯得很美麗。小柳樹看自己旁邊的小棗樹，主幹歪歪扭扭，樹枝光禿禿的，看起來顯得很醜陋。

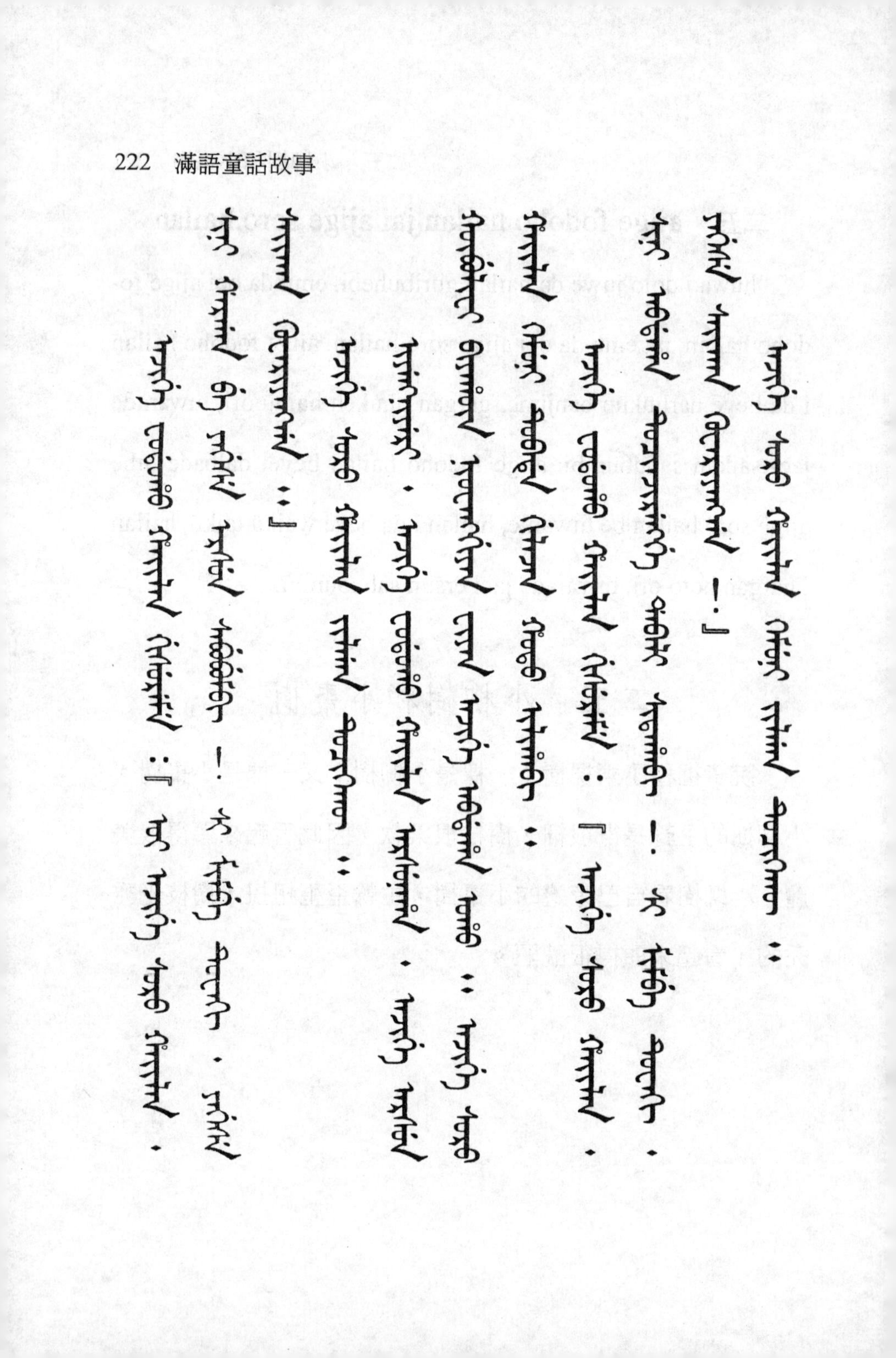

[illegible]

[illegible]

[illegible]

[illegible]

[illegible]

[illegible]

[illegible]

[illegible]

[illegible]

[illegible]

ajige fodoho hailan gisureme: "oi, ajige soro hailan, sini gargan be yagese ersun sabubumbi! si mimbe tuwaki, yagese saikan kuwariyangga." ajige soro hailan jilgan tucikekū. niyengniyeri, ajige fodoho hailan arsunaha, ajige arsun kūbulifi biyahūn niowanggiyan fiyan ajige adbaha oho. ajige soro hailan kemuni tubade gilajan hoto ilihabi. ajige fodoho hailan gisureme: "ajige soro hailan, sini abdaha tucinjirengge dabali sitahabi! si mimbe tuwaki, yagese saikan kuwariyangga!" ajige soro hailan kemuni jilgan tucikekū.

小柳樹說道：“喂！小棗樹，你的枝條看起來多麼醜陋啊！你看我，多麼的漂亮。”小棗樹沒有出聲。到了春天，小柳樹發芽了，小芽變成淡綠色的小葉子，小棗樹還在那裡光禿禿地立著。小柳樹說道：“小棗樹，你的葉子長出的太遲了！你看我，多麼的漂亮！”小棗樹還是沒出聲。

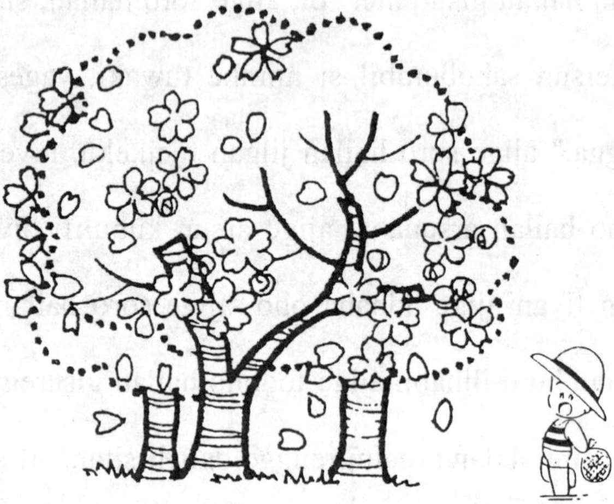

tutala labdu inenggi duleme yabuha, ajige soro hailan teni abdaha tucike. tucike abdaha de elden gilmarjambi, tuttu bicibe teni emu biha banjihabi. ere erinde, ajige fodoho hailan i abdaha emgeri hūwašame narhūn bime golmin ohobi. i juwan fun i gūnin takdame beyebe haiharšambi.

經過了許多日子，小棗樹才長出葉子。長出的葉子光亮閃爍，但是只長一丁點兒。這時候，小柳樹的葉子已經長得又細又長了。它十分得意忘形歪斜著身體。

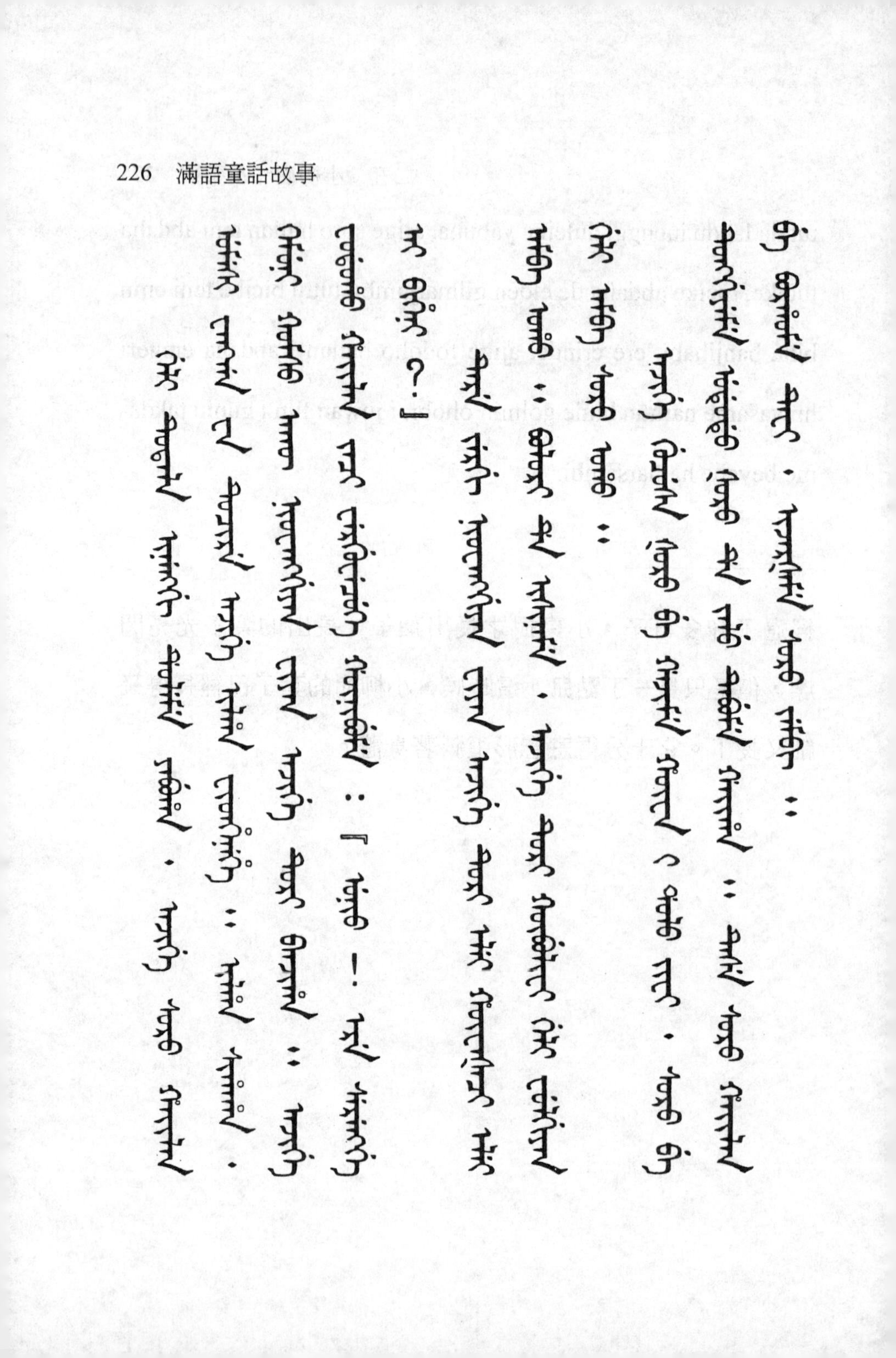

geli tutala inenggi duleme yabuha, ajige soro hailan umesi wangga wa tucire ajige ilha fithenehe. ilha sihaha, kemuni komso akū niowanggiyan fiyan ajige turi banjiha. ajige fodoho hailan jaci ferguwecuke gūnibume: "unio! ere serengge ai biheni?" tere jergi niowanggiyan fiyan ajige turi elei hūwašaci elei amba oho. bolori de isiname, ajige turi kūbulifi geli fulgiyan geli amba soro oho. ajige gucusa šoro be gajime hūwa i dolo jifi, soro be tunggiyeme ududu šoro de jalu tebume gaiha. tese soro hailan be borhome tefi, ijaršame soro jembi.

又過了些日子，小棗樹開出格外芳香的小花。花謝後，還長出不少綠色的小豆。小柳樹感到很驚奇想著：“噫！這是什麼呀？”那些綠色的小豆越長越大了，到了秋天，小豆變成了又紅又大的棗。小朋友們拿著筐子來院子裡撿棗，裝滿了好幾筐。他們圍坐在棗樹下，笑盈盈地吃著棗。

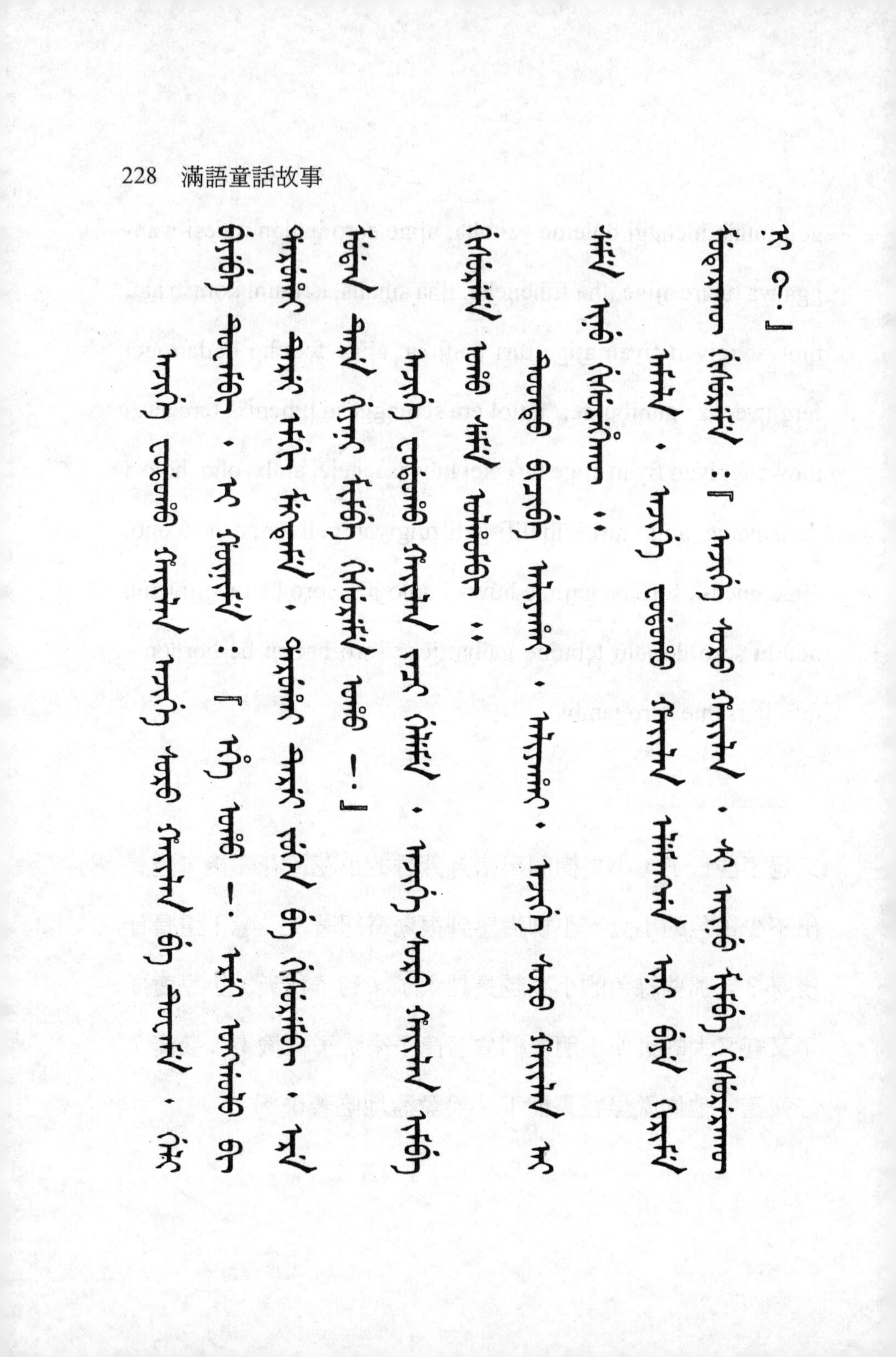

[illegible]

[illegible]

[illegible]

[illegible]

[illegible]

[illegible]

[illegible]

[illegible]

[illegible]

[illegible]

[illegible]

ajige fodoho hailan ajige soro hailan be tuwame, geli beyebe tuwambi, i gūnime: "ehe oho! erei onggolo bi daruhai terei emgi meketeme, daruhai terei juken be gisurembi, ere mudan tere giyani mimbe gisureme oho!" ajige fodoho hailan jaci geleme, ajige soro hailan imbe gisureme oho seme olhombi. tuttu bicibe aliyahai, aliyahai, ajige soro hailan ai seme inu gisurehekū. amala, ajige fodoho hailan elemangga ini beye kirime muterakū gisureme: "ajige soro hailan, si ainu mimbe gisurerakū ni?"

小柳樹看著小棗樹，又看看自己，它心想：“不好了！在這以前我常常同它競爭，常常說它的不好，這次它理應說我了。”小柳樹很害怕，害怕小棗樹說它。但是，等了再等，小棗樹什麼也沒說。後來，小柳樹反而自己忍不住說道：“小棗樹，你爲什麼不說我呢？”

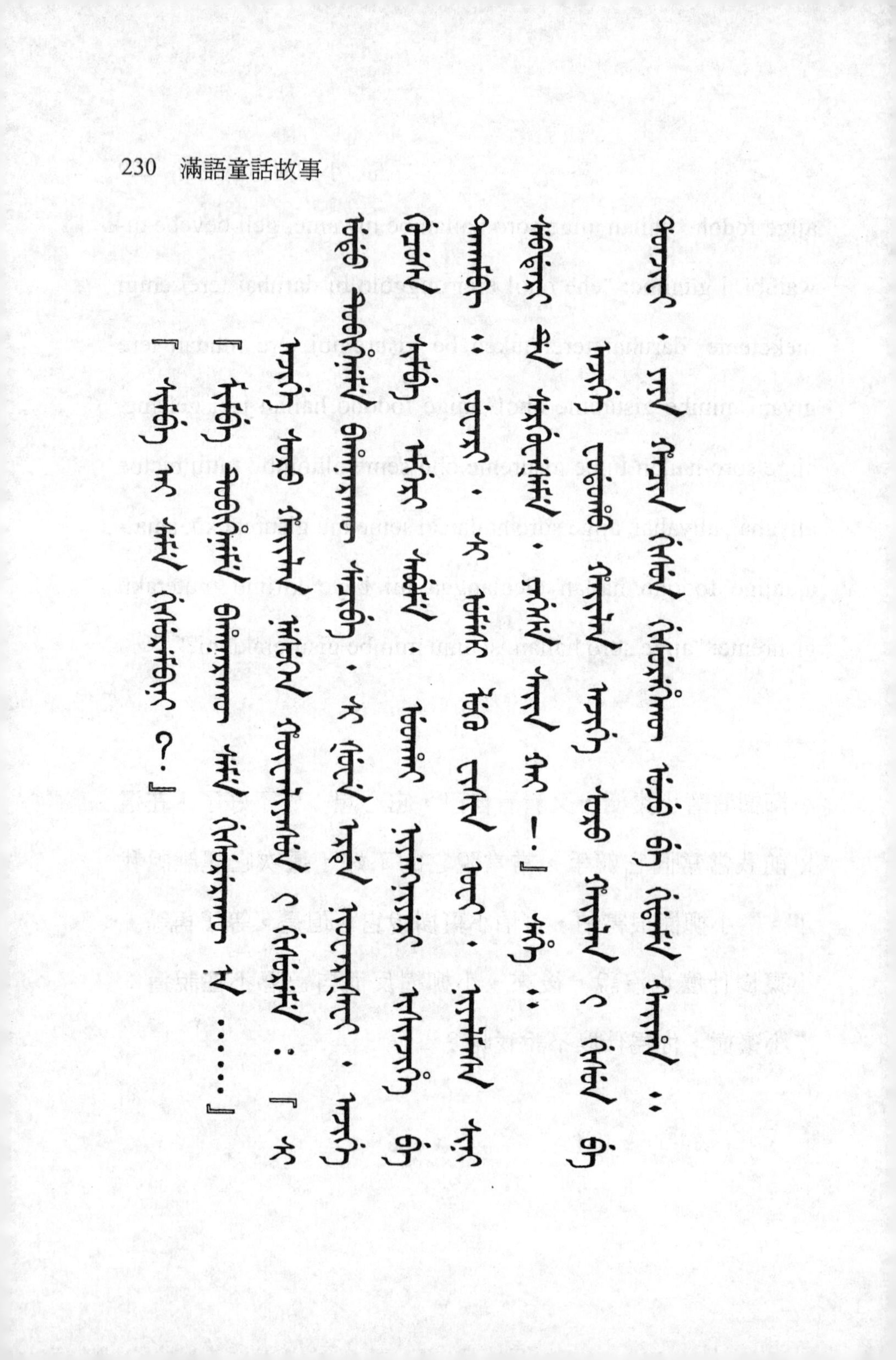

"simbe ai seme gisurembini?" "mimbe tubiheneme bahanarakū seme gisurerakū na ……" ajige soro hailan nesuken hūwaliyasun i gisureme: "si udu tubiheneme bahanarakū secibe, si šuwe erde niowarišafi, ajige gucusa simbe emgeri sabume, uthai niyengniyeri isinjihe be takambi. juwari, si umesi luku fisin ofi, niyalmasa sini sebderi de serguwešeme, yagese sain kai!" sehe. ajige fodoho hailan ajige soro hailan i gisun be donjifi, yaya hacin gisun gisurehekū uju be gidame gaiha.

“說你什麼呢？”“說我不會長出果實呀……”小棗樹溫和地說道：“你雖然不會長出果實，但你最先就變綠了，小朋友們一看到你，就知道春天來了。夏天，你長得很茂密，人們在你的樹蔭下乘涼，多麼好啊！”小柳樹聽了棗樹的話，低下了頭，什麼話也沒說。

附錄 ㈠滿文字母表

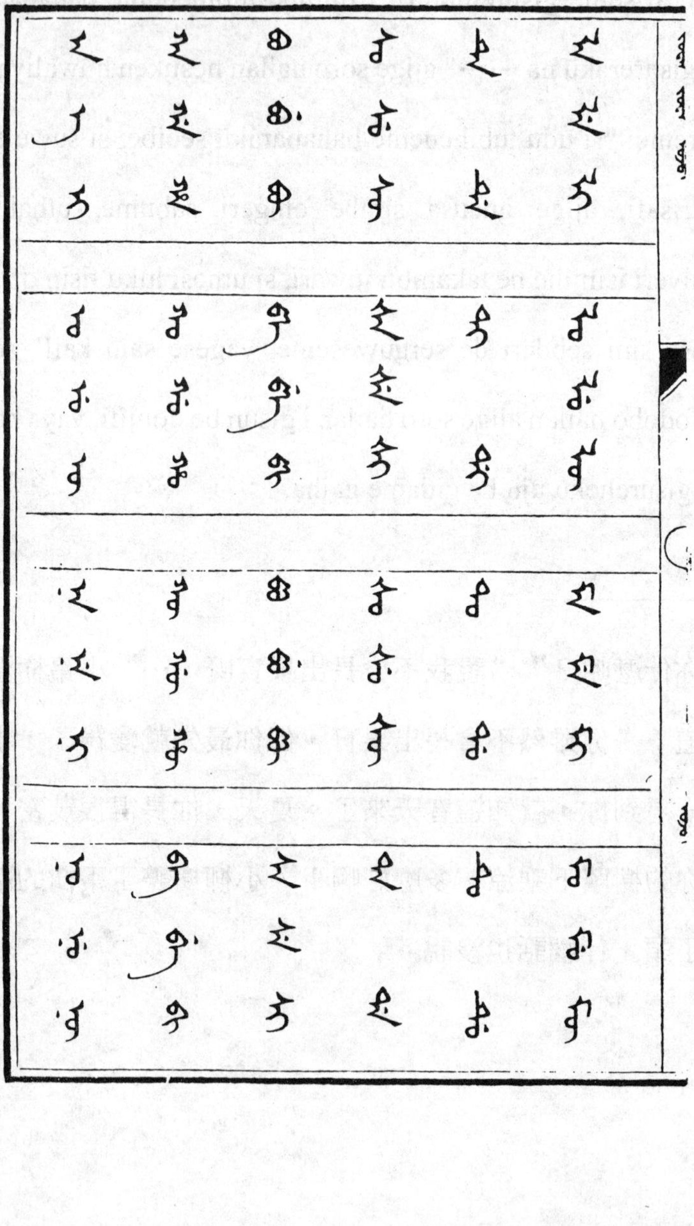

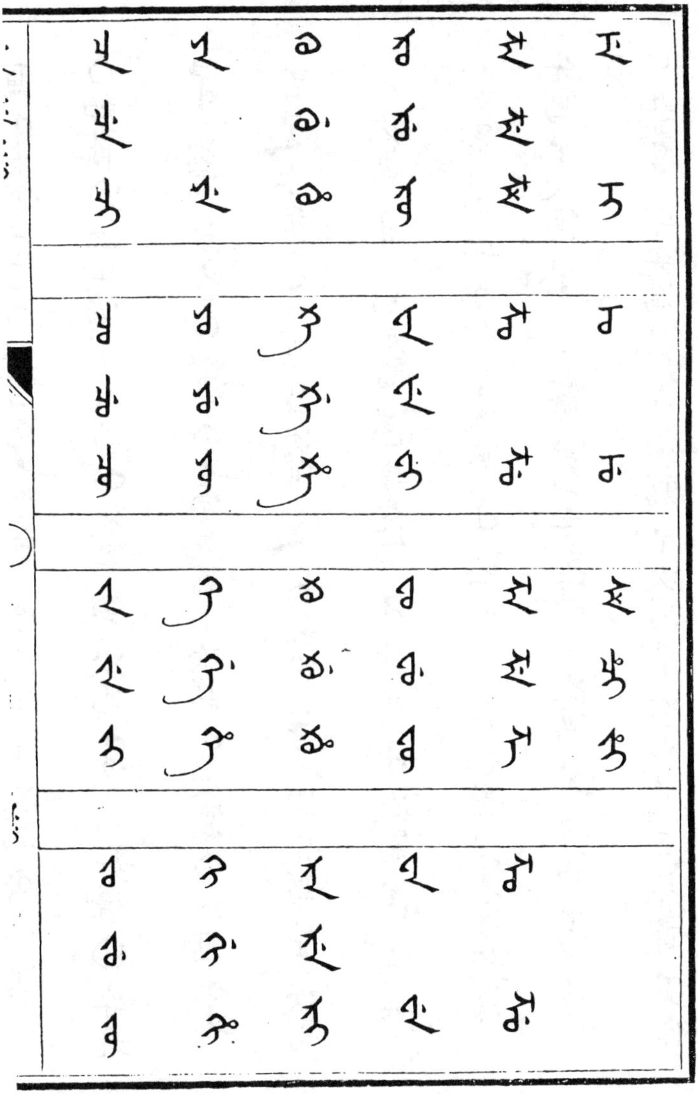

㈡滿文運筆順序（清文啓蒙）

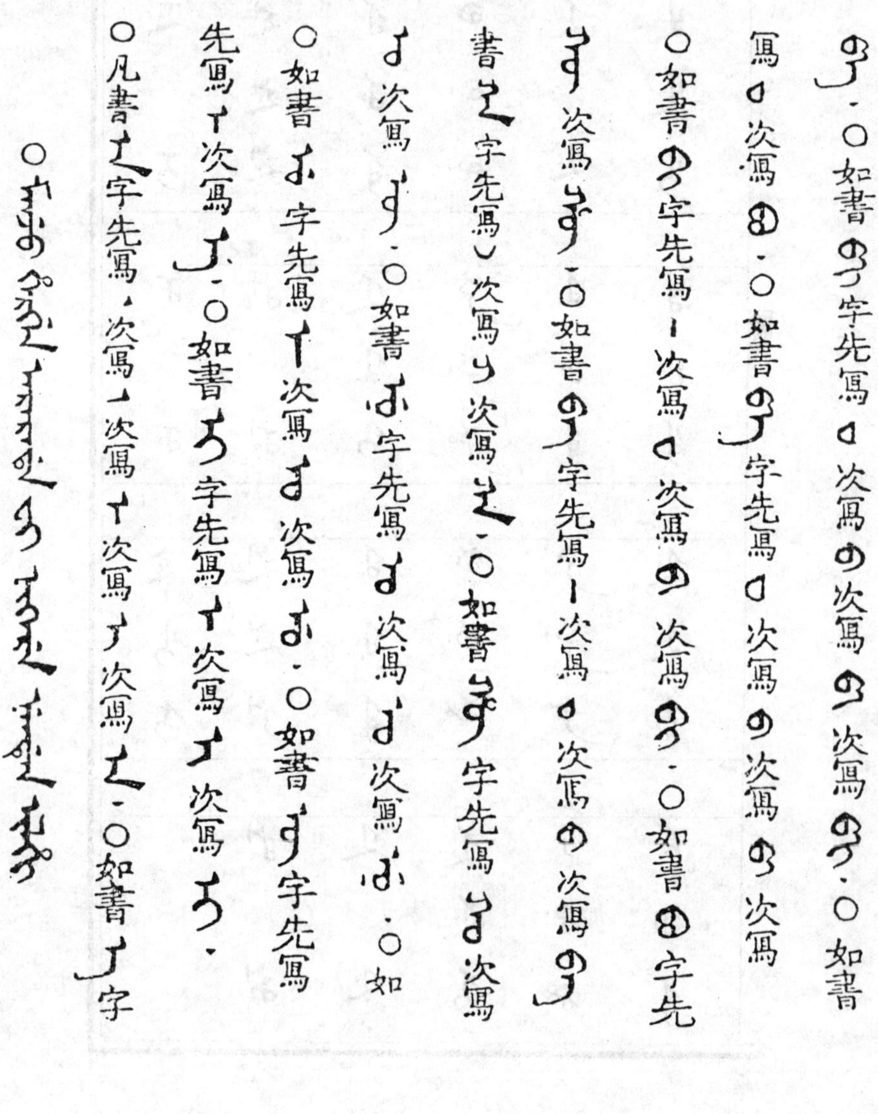

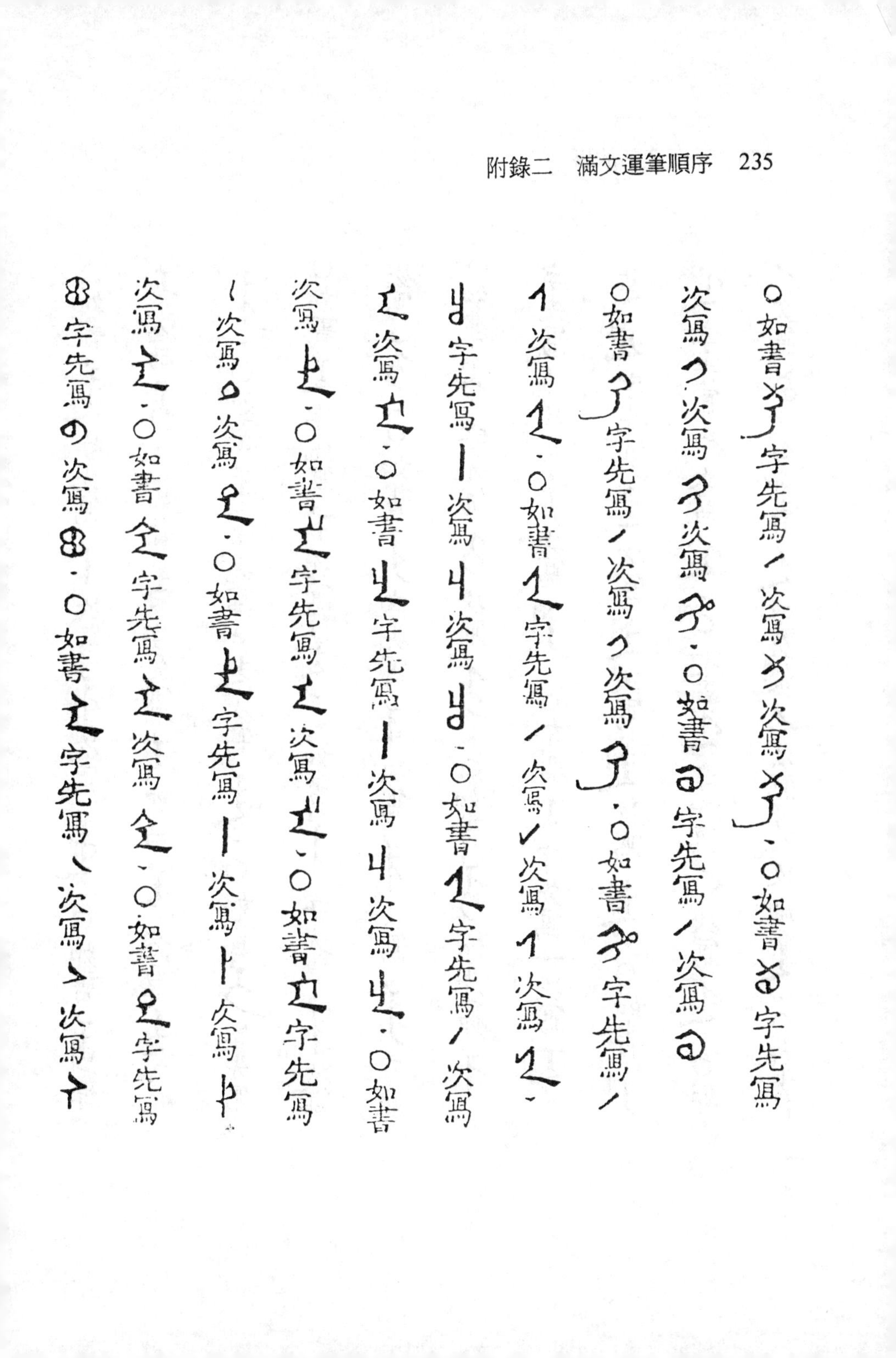

○如書 字先寫 次寫 次寫 。○如書 字先寫
次寫 次寫 次寫 。○如書 字先寫 次寫
○如書 字先寫 次寫 次寫 。○如書 字先寫
次寫 。○如書 字先寫 次寫 次寫 次寫 。
字先寫 次寫 次寫 。○如書 字先寫 次寫
次寫 。○如書 字先寫 次寫 次寫 。○如書
次寫 。○如書 字先寫 次寫 。○如書 字先寫
次寫 次寫 。○如書 字先寫 次寫 次寫 。
次寫 。○如書 字先寫 次寫 。○如書 字先寫
字先寫 次寫 。○如書 字先寫 次寫 次寫

○如書□字先寫□次寫□次寫□·○如書□字

□次寫□·○如書□字先寫□次寫□次寫□·

□·○如書□字先寫□次寫□·○如書□字先寫

○如書□字先寫□次寫□· 如書□字先寫□次寫

次寫□·○如書□字先寫□次寫□次寫□·

○如書□字先寫□次寫□·○如書□字先寫□

字先寫□次寫□次寫□·○如書□字先寫□次寫□·

書□字先寫□次寫□次寫□次寫□·○如書□

□字先寫□次寫□·○如書□字先寫□次寫□·○如

□次寫□·○如書□字先寫□次寫□次寫□·○如書

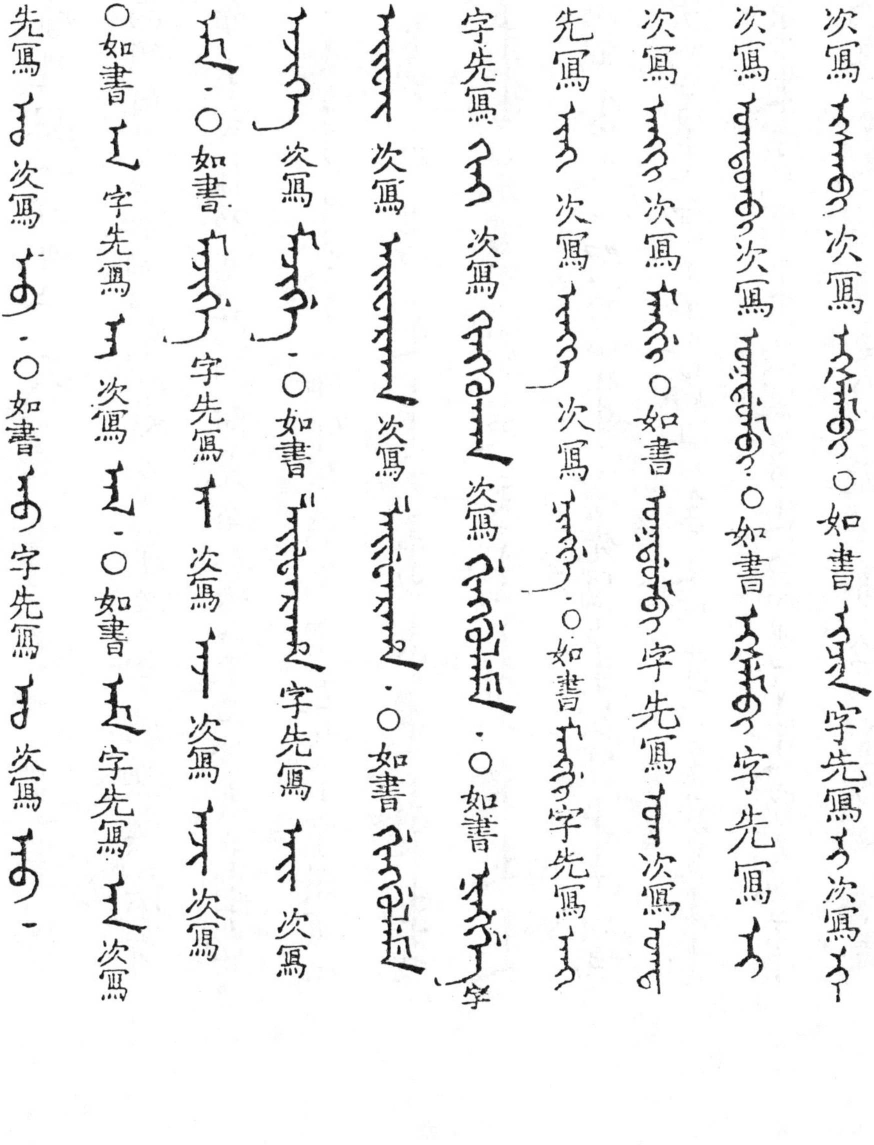
次寫 次寫 ○如書 字先寫 次寫
次寫 次寫 ○如書 字先寫
次寫 次寫 ○如書 字先寫 次寫
先寫 次寫 次寫 ○如書 字先寫
字先寫 次寫 次寫 ○如書 字
次寫 次寫 ○如書
次寫 ○如書 字先寫 次寫
○如書 字先寫 次寫 次寫
○如書 字先寫 次寫 ○如書 字先寫 次寫
先寫 次寫 ○如書 字先寫 次寫

類推。舉一可貫百矣。

兩個阿兒之下。圈點方是。以上運筆。字雖無幾。法可作[illegible]式樣。乃是兩個阿兒。今如下筆。必除去[illegible]字的[illegible] [illegible] [illegible] 共二十字。俱係[illegible]字首。此[illegible]字聯寫必[illegible] [illegible] [illegible] [illegible] [illegible] [illegible] [illegible] [illegible] [illegible] [illegible] [illegible]○凡書圈點如[illegible] [illegible] [illegible] [illegible] [illegible] [illegible] [illegible]次寫[illegible]○如書[illegible]字先寫[illegible]次寫[illegible]次寫[illegible]次寫[illegible]次寫[illegible]○如書[illegible]字先寫[illegible]次寫[illegible] [illegible]字先寫[illegible]次寫[illegible]○如書[illegible]字先寫[illegible]次寫[illegible]○如書[illegible]字先寫[illegible]次寫[illegible]○ 如書